»Wenn wir über die Natur in Deutschland reden, war es nie wichtiger, sich in der Gegenwart und auch in Zukunft für die natürliche Artenvielfalt einzusetzen. Ohne Artenvielfalt in den Wäldern, Mooren und Seen wird das Land technisch und langweilig. Wollen wir das?«

Norbert Rosing

Norbert Rosing
Mein wildes Deutschland

NATURPARADIESE ZWISCHEN
MEERESSTRAND UND
ALPENRAND NEU ENTDECKT

NATIONAL GEOGRAPHIC

INHALT

Von Bärlauch und dichtem Moos überwachsener Baumstamm in den Donauauen bei Neuburg an der Donau

Üppig und artenreich ist die Vegetation am Wildbach Kleine Ohe im Nationalpark Bayerischer Wald. ▽

EIN ANWALT FÜR »WERDENDE WILDNIS«

MICHAEL SUCCOW

Der bedeutende Naturfotograf Norbert Rosing widmet sich der noch erhalten gebliebenen, insbesondere aber der neuen »werdenden Wildnis« in Deutschland. Dazu bereiste er nach der Wende die neuen Nationalparks, Biosphärenreservate und Großschutzgebiete in der ehemaligen DDR. Seine Fotos fanden Eingang in viele Publikationen, ließen staunen, gaben Freude. Sie weckten die Sehnsucht, diese Gebiete kennenzulernen, ihrer Natur zu begegnen, sie zu berühren – und sich für ihren Schutz und Erhalt einzusetzen. Mit diesem Buch und seinen Bilddokumenten aus allen Landschaften Deutschlands zieht Norbert Rosing eine persönliche Bilanz nach fast 30 Jahren.

Heute muss es auch in Mitteleuropa ein Schwerpunkt des Naturschutzes sein, sogenannte Stammeslebensräume zu erhalten beziehungsweise zu entwickeln. Vor allem für sie tragen wir allein die Verantwortung. In Deutschland sind das noch weitestgehend intakte alt gewordene Wälder, Moore, Seen, Stromauen, Küstenabschnitte und Teile der Alpen in Naturschutzgebieten, Nationalparks oder Kernzonen der UNESCO-Biosphärenreservate. Eine herausragende Stellung nehmen dabei die alten Buchenwälder ein, die in das UNESCO-Weltnaturerbe aufgenommen wurden. Mit all diesen im »Nationalen Naturerbe« zusammengefassten Schutzgebieten besteht jetzt in Deutschland erstmals die Chance, auf großer Fläche eine ungesteuerte Naturentwicklung zuzulassen.

Da es in der Natur der Natur liegt, sich fortwährend zu verändern, ist es unmöglich, bestimmte Zustände zu fixieren oder zu konservieren. Naturschutz muss sich von statischen Leitbildern lösen, wie Natur auszusehen und zu sein habe. Es ist der natürlichen Dynamik Raum zu geben, auch wenn dies zu unerwarteten Entwicklungen führt. Dafür fünf Prozent unserer Flächen zur Verfügung zu stellen, sollte für unser reiches Land doch eigentlich kein Problem darstellen. Unbedingt zu unterstützen ist deshalb das erklärte Ziel der Bundesregierung, zehn Prozent des öffentlichen Waldes – fünf Prozent der gesamten Waldfläche Deutschlands – sich selbst zu überlassen, sodass er sich dort wieder zu einem Naturwald entwickeln kann!

Bewusst darauf zu verzichten, Flächen wirtschaftlich zu nutzen, Wildnis in großräumigen Naturschutzgebieten zuzulassen – für das westliche Europa ist dies eine weitgehend neue Naturschutzstrategie, die ein grundsätzliches Umdenken der Menschen erfordert. Wie keine Epoche zuvor war das 20. Jahrhundert von der fortschreitenden Zerstörung und Kultivierung der Natur und von einer nie da gewesenen Naturentfremdung geprägt – aber auch von einer wachsenden Sehnsucht nach unberührter, unreglementierter Natur, nach einem Miteinander von Zivilisation und Wildnis.

Wildnis, also Naturräume, die aus sich heraus existieren, brauchen den Menschen nicht. Aber der Mensch der tech-

nisierten Welt braucht Wildnis auch als Maß und um seiner Demut willen. Wildnis ist eine Alternative zur urbanisierten Welt. In einer Zeit wachsender Orientierungslosigkeit und Entwurzelung können wir im Erleben unverletzter »heiler« Natur zu geistig-seelischem Wohlbefinden, zu künstlerischer Inspiration, aber auch zu Ehrfurcht vor der Natur, zu Spiritualität und zu Bescheidenheit gelangen. In diesem Sinn ist der Erhalt von Wildnis kein Luxus, sondern eine Kulturaufgabe der menschlichen Gesellschaft.

In Anlehnung an Gedanken des Naturschützers Hubert Weinzierl sind Wildnisgebiete Heiligtümer in unserer Heimat, Seelenschutzgebiete, Psychotope. Sie erinnern an das Paradies und lassen Hoffnungen und Träume wachsen. Durch das »Schicksal« der sich selbst überlassenen Natur erleben wir Werden, Vergehen und Wiederneuerstehen. In diesen Räumen verzichten wir auf unsere Dominanz und spüren, wie sie sich verzaubern.

Klimawandel, die ungebremste Nährstoffdeposition, der dramatische Biodiversitätsverlust – wir sind dafür verantwortlich, dass sich unsere Umweltbedingungen global dramatisch verändern. Und immer mehr Menschen sind sich bewusst, dass dies zwangsläufig weltweit zu tief greifenden gesellschaftlichen Verwerfungen führen wird. Es liegt somit im ureigenen Interesse der Menschheit, dem Schutz der Natur und damit dem umfassenden Schutz unserer natürlichen Lebensgrundlagen fundamentale Bedeutung beizumessen. Bei allen Formen der Landschaftsnutzung gilt es deshalb unbedingt, die Funktionsfähigkeit der Ökosysteme und damit des Naturhaushalts zu sichern.

Zum Erhalt der Biosphäre leisten die bislang vom Menschen noch nicht genutzten oder noch nicht wesentlich beeinträchtigten Ökosysteme einen unverzichtbaren Beitrag: Sie recyceln Abfall, binden Kohlenstoff, bilden Grundwasser, regulieren – kühlen – das Klima, sie steigern die Bodenfruchtbarkeit, indem sie Humus bilden, und erhöhen die Biodiversität im Zuge evolutionärer Prozesse. Wir müssen unbedingt dafür sorgen, dass diese Grundleistungen der Ökosysteme erhalten bleiben.

Wünschen wir diesem Buch eine weite Verbreitung und viele Leser – und diesen ein persönliches Erleben all dieser Naturwunder. Seien wir uns bewusst, dass wir diese Naturräume »brauchen« und in der Folge werden sie, dessen bin ich mir gewiss, immer schöner und vielfältiger, und auch immer notwendiger!

Greifswald, Ostern 2017

Michael Succow Stiftung zum Schutz der Natur, 1999 von Prof. Dr. Michael Succow als erste gemeinnützige Naturschutzstiftung bürgerlichen Rechts in den neuen Bundesländern gegründet

Wie verzaubert wirkt die Landschaft im Uttewalder Grund nahe der Bastei in der Sächsischen Schweiz.

MEINE MISSION, MEINE PASSION ...

Es ist Ende März und ich bin auf dem Weg zur Nordsee. Frühling liegt in der Luft. Über kleine Straßen erreiche ich Westerhever mit seinem berühmten Leuchtturm. Von der Höhe des Deichs sehe ich hinunter auf die fetten, weiten Salzwiesen, die von Kanälen und Prielen durchzogen sind – und traue meinen Augen nicht. Tausende laut schnatternde Nonnengänse äsen hier. Sie überwintern an der Nordsee, bevor sie im April und Mai in ihre Brutgebiete auf Spitzbergen, Grönland und Sibirien weiterziehen. Am frühen Morgen und späten Abend ziehen bei Westerhever unzählige Vögel über die Wiesen und über den klaren, roten Himmel. Hier, an den letzten unbebauten Strandabschnitten, fühle ich mich wie in einer kleinen Meereswildnis. Seit den 1980er-Jahren wurden an der Küste der Nordsee zum Schutz der einzigartigen Wattflächen der Schleswig-Holsteinische, Niedersächsische und Hamburgische Nationalpark gegründet. Dieser einzigartige Lebensraum für Millionen Tiere gehört seit Anfang des 21. Jahrhunderts zum UNESCO-Welterbe.

DAS TAFELSILBER DES OSTENS

Viel geändert hat sich seit der Wende in Sachen Naturschutz auch in den östlichen Bundesländern. Anfang der 1990er-Jahre fielen in dieser Hinsicht die Entscheidungen auf Bundesebene extrem schnell. Dabei konnte ein Team von sehr engagierten Naturwissenschaftlern und Naturschützern unter der Leitung von Prof. Dr. Michael Succow das fast Unmögliche erreichen: 14 Großschutzgebiete der ehemaligen DDR wurden zu Nationalparks, Biosphärenreservaten und Naturparks ernannt. Für den damaligen Bundesumweltminister Klaus Töpfer waren sie »das Tafelsilber der deutschen Einheit«. In diesem Zusammenhang sollen aber auch seine tatkräftigen Mitstreiter genannt werden, darunter Prof. Dr. Hans D. Knapp, Dr. Lebrecht Jeschke, Dr. Matthias Freude und Arnulf Müller-Helmbrecht.

DIE KARIBIK DER OSTSEE

Ich erinnere mich noch gut daran, wie im Frühjahr 1990 das Telefon klingelte. Am anderen Ende meldete sich der Münchener Fotograf Dr. Sauer: »Ich habe gerade ein Angebot von einem Münchener Verlag bekommen, der so schnell wie möglich ein Buch über die Natur Ostdeutschlands publizieren möchte. Ich habe keine Zeit! Willst Du?« Ja, ich wollte! Das Thema reizte mich, und schon kurz darauf fuhr ich mit einem alten VW-Campingbus los Richtung Ostseeküste, Ziel: die Halbinsel Fischland-Darß-Zingst. Nördlich von Berlin fuhren wir über malerische Alleen, die von Kastanien, Eichen und Linden gesäumt waren. Links und rechts erstreckten sich schier endlose Felder, leuchteten Mohn- und Kornblumen. Heute sind die Alleen zum großen Teil breiten Straßen zum Opfer gefallen, zu deren Seiten sich monotone Mais- und Rapsfelder erstrecken.

Jahre später kündigt sich auf Rügen ein wunderbarer klarer Tag im Mai mit einem farbenfrohen Sonnenaufgang an. Am Flugplatz Güttin steht schon eine kleine Cessna für mich bereit. »Wo soll's denn hingehen?«, fragt der Pilot. »In die Karibik!« sage ich. »Weiß' Bescheid!« Ich werde in den Sitz gepresst, als wir die Startbahn entlangrasen und Richtung Westen zum Nationalpark Vorpommersche Boddenlandschaft abheben. Unten leuchten gelbe Rapsfelder, sieht man die kleine Vogelinsel Heuwiese im Stralsunder Bodden mit den bodenbrütenden Kormoranen. Die ganze Pracht der Küste breitet sich unter mir aus: Hiddensee und Bock, die tiefblaue Wasserstraße zwischen diesen beiden Inseln, die wolkenähnlichen weißen Sandbänke, die unter dem flachen Wasser sichtbar werden, die tiefgrünen Salzwiesen und Röhrichte der Insel Kirr, die Werder-Inseln, ein bedeutender Rastplatz im Frühjahr und Herbst für die großen Kranichzüge. Wenig später erreichen wir den Darßwald bei Prerow. Die kleinen Sumpfseen am Darßer Haken glitzern in der Sonne. Der Blick ist einfach atemberaubend – eine wunderbare Grafik aus Sandbänken, Stränden, Wiesen, Wald und dem Blau von Bodden und Ostsee: »Die Karibik der Ostsee«.

Wieder am Boden, wende ich mich dem nächsten Ziel zu: der Kreideküste. Sie ist das Wahrzeichen der Insel Rügen und gehört zum Nationalpark Jasmund. Gegründet wurde der kleinste deutsche Nationalpark auch wegen der einmaligen Steilküste, hauptsächlich aber zum Schutz der küstennahen Buchenwälder mit Sumpfseen und einer vielfältigen Flora und Fauna.

Um die ganze Schönheit dieses Gebietes zu genießen, beginne ich meine Wanderung in Sassnitz. Von hier aus zieht sich ein Wanderweg durch den Buchenwald entlang der Steilküste. Schlank, wie Mikadostäbe, stehen die Stämme im Wald, der nur wenig Unterwuchs aufweist. Die tief stehende Morgensonne wirft lange Schatten und Licht und kreiert grafische Formen. Nicht weit von Sassnitz entfernt erreiche ich die ehemaligen Wissower Klinken, die 2005 aufgrund von Erosion ins Meer stürzten. Am Königsstuhl, der als höchster Punkt der Steilküste 118 Meter senkrecht über dem Meer aufragt, befindet sich das Informationszentrum mit einer großen Ausstellung. Daneben führt eine Treppe hinunter zum Strand, wo die Feuersteinsucher unterwegs sind.

Flutender Wasserhahnenfuß bedeckt weite Teile eines flachen Sees im Gebiet des Struck am Peenemünder Haken (oben).

Kormorane breiten ihre Flügel im Wald von Peenemünde zum Trocknen aus. Im Hintergrund steht ein Fischreiher (unten).

Weiter im Osten von Rügen wurde im Juni 2013 das Naturerbe Zentrum Rügen mit dem imposanten Aussichtspunkt Adlerhorst eingeweiht. Von hier aus schweift der Blick über die weite Landschaft der Prora, den Kleinen Jasmunder Bodden und die Prorer Wiek. Auf den Halbinseln Buhlitz und Pulitz wachsen artenreiche kleine Buchenurwälder, die aber kaum zugänglich sind. Im äußersten Südosten von Rügen schließt sich die weite Graslandschaft des Biosphärenreservats Südost-Rügen an. Von Groß-Zicker aus bieten sich wunderbare Wanderungen an. Seit vielen Jahren besuche ich diese in Deutschland einmalige »Puszta«-Landschaft mit ihrem wogenden Gras, dem Grillenzirpen, den großen Schwärmen der Eintagsfliegen und dem Gesang der Lerchen. Es blüht und duftet allerorten. Auf Vilm wachsen unglaubliche Eichen und in den Flach-

> Vom Flugzeug aus zeigt sich die wilde Schönheit der Boddenlandschaft in ihrer ganzen Vielfalt.

gewässern rund um die Insel haben sich große Ruhezonen für Wasservögel ausgebildet. Im Frühjahr ist auch hier der Waldboden mit reicher Flora bedeckt und in den Baumwipfeln nisten Seeadler.

In Sichtweite über dem Greifswalder Bodden liegt die Insel Usedom mit ihrer geschichtsträchtigen Nordspitze bei Peenemünde. »Fertig für die luftigen Höhen und einigermaßen schwindelfrei?«, fragt mich der Pilot in der engen Kabine des zweisitzigen Gyrocopters. Mit Mühe wuchten wir uns über die ersten Baumwipfel, doch dann wird die Sicht frei. Unter uns liegen die weiten Küstenwälder mit Kiefern, Fichten, Buchen und Eichen am Peenemünder Haken. Dazwischen blinken kleine Sumpfseen wie blaue Augen in der grünen Landschaft. »Was sind die weißen Wälder dort unten?«, frage ich. »Kormorankolonien!« Die Kormorane sind seit Jahren hier und vermehren sich stark. Durch ihren ätzenden Kot sterben die Bäume ab, färben sich weiß und fallen irgendwann um. Dann ziehen die Vögel weiter. Da dieses Gebiet unter strengem Naturschutz steht, darf nicht eingegriffen werden. In diesen Wäldern sind auch nistende Kraniche, Seeadler, Spechte und Schwarzstörche zu Hause. Der Flug geht weiter über die großen verschilften Verlandungszonen mit den abgespülten flachen Inseln. Vor der Küste ziehen sich an der Insel Ruden lange Buhnen ins Meer, auf denen Kormorane neben Höckerschwänen und Enten ihr Gefieder trocknen. Die Mitte jedoch bleibt immer frei – hier befindet sich der Ruheplatz der Seeadler.

In diesem Gebiet des Peenemünder Hakens mündet der Peenestrom in die Ostsee. Vom Kummerower See fließt die Peene als einer der letzten großteils naturbelassenen Flüsse durch ein Urstromtal und eines der größten mitteleuropäischen Niedermoorgebiete. Wo der Peenefluss bei Anklam in den Peenestrom mündet, bietet ein Aussichtsturm einen grandiosen Überblick über die Wasserflächen, die von Reihern, Kranichen, Seeadlern und anderen Wasservögeln bevölkert werden.

PARADIES DER STÖRCHE

Eine Zeitlang vor diesem herrlichen Fotoflug besuchte ich im Mai das Odertal. Früh am Morgen wurde ich dort in meinem Campingbus von den Geräuschen der Natur geweckt: flötende Pirole, Kranichrufe, trällernde Singvögel, hämmernde Spechte, quakende Frösche, hin und wieder das laute Klatschen eines Biberschwanzes auf dem Wasser. Plötzlich stakste ein Weißstorch hinter einem Baum hervor. Das Bild, das ich von ihm schoss, wurde Jahre später auf einer Briefmarke für die Deutsche Post gedruckt – wie viele andere aus meinem jahrelangen Projekt »Wildes Deutschland« für National Geographic.

Seit 1995 stehen die Auwälder und Polder im Odertal direkt an der polnischen Grenze unter dem Schutz des deutsch-polnischen Internationalparks Unteres Odertal. Im Mai sind die Wiesen mit einer dünnen Wasserschicht überschwemmt, aber an vielen Stellen spitzt das leuchtende Gelb der Sumpfdotterblumen heraus. Sobald das Wasser

abgelaufen ist, ergrünen die Polderwiesen und der Auwald, und an den Hängen des Odertals blühen seltene Adonisröschen. In kalten Wintern, wenn kleine Flüsse und Seen zugefroren sind, kommen hunderte Singschwäne aus Skandinavien hierher, um auf den noch offenen Stellen der Oder nach Nahrung zu suchen und zu überwintern. Nur ein einziges Mal ist es mir bisher gelungen, die Oder mit treibenden Eisschollen zu sehen und zu fotografieren. Selten sind sie geworden, die wirklich kalten Winter.

LANDSCHAFT MIT ZINNEN UND SCHLUCHTEN

Zinnen, Türme, Schluchten, Wälder, Wasser – die Sächsische Schweiz ist eine der Perlen im »deutschen Tafelsilber«. Zu meiner Jungendzeit kannte ich sie nur von verblichenen Bildern aus Schulatlanten. Als ich sie endlich bereisen konnte, begann ich zu wandern und zu wandern und zu wandern, denn die Landschaft verändert sich während der verschiedenen Tages- und Jahreszeiten so stark, dass ich immer wieder von vorne anfangen könnte. Jeder Aussichtsfelsen bietet abwechslungsreiche Motive, sei es auf dem Carolafelsen, den Affensteinen, der Schrammsteinaussicht oder am Kuhstall. Das meistfotografierte Bild im relativ kleinen Nationalpark Sächsische Schweiz ist sicher die Basteibrücke mit dem Blick in den Wehlgrund, die schon so berühmte Maler wie Caspar David Friedrich oder Ludwig Richter beeindruckte.

In den letzten Jahrzehnten hat der Tourismus in der Sächsischen Schweiz sprunghaft zugenommen, heute empfängt sie jährlich bis zu 1,5 Millionen Besucher. Trotzdem gibt es noch Momente, an denen einem selbst die Bastei alleine »gehört«: frühmorgens oder spät am Abend, wenn es schneit oder regnet – und das Licht am schönsten ist. Unbedingt empfehlenswert sind der Abstieg von der Bastei hinunter durch die Schwedenlöcher in den Amselgrund und die Wanderung durch die Teufelsschlucht in den tiefen, kalten Uttewalder Grund. Hier ragen die dunklen, schroffen

Wände senkrecht empor, Farne klammern sich in die Felsritzen, tropft überall Wasser. Ganz in der Nähe liegt das Felsentor, das Caspar David Friedrich verewigte.
Ein bedeutender Ausgangspunkt für Touren in die hintere Sächsische Schweiz ist das Kirnitschtal bei Bad Schandau. Von der Goldsteinaussicht bietet sich ein grandioser Blick tief hinein in den Großen Tschand mit seinen Buchenwäldern und Felsformationen. Vom »Kuhstall« reicht der Blick zu den Affensteinen und dem Schrammstein. Balsam für die Seele ist die herrliche Wanderung von der Schrammsteinbaude an den Felswänden entlang bis zum steilen Aufstieg über Leitern zur Schrammsteinaussicht. Im Frühlingsgrün leuchten die Birken, jeder Schritt wird wie eine neue Entdeckung gefeiert! An der Aussicht fallen links und rechts die Wände senkrecht ab, vor einem liegt das gewaltige Felsmassiv der Schrammsteine, rechts daneben der dominante Falkenstein. Viele Male bin ich schon hier hinaufgestiegen, um diese Landschaft bei Nebel, Schnee, Regen, Sonnenauf- und Sonnenuntergang zu fotografieren. Und immer hat es sich gelohnt.
Im Auftrag des Verlags fuhr ich schließlich auch in den Hochharz zum Brocken, der jahrzehntelang als militärische Sperrzone unzugänglich gewesen war. Damals schnaufte auf den fast menschenleeren Gipfel noch nicht die Brockenbahn hinauf und wo heute Besuchermassen wandern,

Ein Ministativ hilft beim Fotografieren von Krokussen und anderen bodennahen Motiven (linke Seite oben links).
Blühender Bärlauch (linke Seite oben rechts)
Angeschwemmte Baumwurzel am Peenemünder Strand (linke Seite unten links)
Strandflieder mit Schmetterling (linke Seite unten rechts)
Blick in den Wehlgrund und auf den Gebirgsstock Kleine Gans (oben)

Blick in den Wehlgrund vom Ferdinandstein, im Basteigebiet der Sächsischen Schweiz ▽

Schweres Durcheinander: Blocksteinfelder am Brocken im Harz

erstreckten sich Betonplatten und stand schweres Gerät. Auch die Mauer stand noch zu großen Teilen – damals dachte ich mir nichts dabei, sie nicht zu fotografieren. Sie war ja da! Schon lange! Selbstverständlich! Aus heutiger Sicht hätte ich viel mehr von diesen Zeitzeugnissen fotografieren sollen. Der zuständige Revierförster Heinz Springemann aus Wernigerode führte mich zu besonders schönen Stellen, und als es zu nieseln begann und dichter Nebel aufzog, wanderten wir in den Wald. Mächtige moosbewachsene Felsen versperrten den Weg, jahrhundertealte knorrige Bergfichten wirkten mit ihren Flechten wie einem fantastischen Gemälde oder Film entsprungen. Ich konnte mir gut vorstellen, wie sie zu den Sagen rund um den Blocksberg beitrugen, auf dem sich der Legende zufolge Hexen und Dämonen zum Hexensabbat treffen.

Den Brocken – mit 1141 Metern das »Höchste im Norden« – habe ich seitdem viele, viele Male zu allen Jahreszeiten besucht. Der Harz hat aber noch viel mehr zu bieten, zum Beispiel das schluchtenartige, wildromantische Bodetal im Osten, auf das man vom Hexentanzplatz bei Thale eine grandiose Sicht hat. Von Ballenstedt bis Blankenburg verläuft in der sonst ebenen Landschaft eine 20 Kilometer lange natürliche Felsmauer aus Buntsandstein, und natürlich heißt sie »Teufelsmauer«. Bereits 1833 wurde sie unter Schutz gestellt, seit 2006 gehört sie zu den Nationalen Geotopen. Ein weiteres Kleinod liegt etwas weiter östlich im Kyffhäuserland. Bei dem kleinen Ort Günserode am Wipperdurchbruch durch die Hainleite blühen im Mai die Streuobstwiesen, zur bezaubernden Farben- und Blütenpracht tragen auch tausende Orchideen bei.

Die Kamineiche im Urwald der Sababurg ist rund 600 Jahre alt.

WALD UND WÄLDER

Blüten, Blüten, Blüten! Sie bilden von Februar bis Ende Mai auch im Kalkbuchenwald des Hainichs einen bunten Teppich. Der Nationalpark schützt einen der bedeutendsten zusammenhängenden Buchenwälder in Mitteldeutschland. Riesige umgestürzte Bäume sorgen für neue Generationen von Moosen, Flechten und natürlich neuen Bäumen. Zu den Wahrzeichen des Parks gehört die viele Jahrhunderte alte Betteleiche, nicht weit entfernt liegen die Blütenmeere des Lerchensporns. Was für eine Augenweide!

In die Bäume unseres Landes verliebte ich mich schon vor vielen Jahren. Ihre Erhabenheit, Größe, Knorrigkeit und ihr Alter erfüllen einen mit Demut. Diese verspürte ich auch, als ich vor Jahren zum ersten Mal den Reinhardswald bei der Sababurg erkundete. In diesem »Reich der alten Bäume« überwuchert im Sommer übermannshoher Adlerfarn den Unterwuchs. Aus diesem schier undurchdringlichen grünen Dschungel erheben sich uralte Buchen und Eichen. Von einigen sind die Rinden komplett abgebrochen und ihr nackter Stamm ragt noch immer mit grünen Ästen in den Himmel. Eine Besonderheit unter den knorrigen Baumriesen sind die hochbetagten Eichen, deren älteste Vertreterin, die Kamineiche, wohl schon seit knapp 600 Jahren steht. Über die Jahre bin ich immer wieder hierhergekommen, mittlerweile ist der Besucheransturm so groß, dass die meisten Bäume eingezäunt werden mussten.

Fantastische steinalte Buchen fand ich auch im Nationalpark Kellerwald-Edersee, und im Herzen Mecklenburgs im Tiergarten des Örtchens Ivenack die majestätischen Iven-

Ein Steinbock sucht Zuflucht vor einem Schneesturm mitten im Sommer im Landtal bei Berchtesgaden.

Die Perle der deutschen Alpen: das Königsseegebiet bei Berchtesgaden mit dem 2713 Meter hohen Watzmannmassiv. Der Königssee liegt unter einer dicken Hochnebelschicht. ▽

acker Eichen. Diese größte Ansammlung alter Eichen in Mitteleuropa ist seit 2016 ein Nationales Naturmonument. Die zwischen rund 500 und 1000 Jahre alten mächtigen Methusalems habe ich im Lauf der Jahre oft besucht und immer wieder von Neuem bewundert.

Ein riesiges zusammenhängendes Waldgebiet liegt auch im Westen der Republik: der Pfälzer Wald. Ab den frühen 2000er-Jahren begann ich den geschichtsträchtigen Naturpark Pfälzerwald-Nordvogesen, seine Burgen und Ruinen, Wälder, Felsen und endlos scheinenden Wanderwege zu »entdecken«.

Auf der Straße nach Dahn im Dahner Felsenland sieht man schon aus der Ferne das Wahrzeichen dieser Landschaft: den Felsen mit der Ruine der 1523 zerstörten Burg Drachenfels. Von Dahn führt ein Wanderweg zu den schroffen, steilen Lämmerfelsen, die im lichten Buchenwald von Weitem sichtbar sind. Das nächste Ziel ist die höchstgelegene Burgruine des Wasgau, die Wegelnburg. Die 1247 erstmals erwähnte Burg wurde 1679 durch französische Truppen zerstört. Von hier reicht der herrliche Blick über die sanft geschwungenen und bewaldeten Hügel des Wasgaus. Wenn im Herbst der Morgennebel in den Tälern liegt, glaubt man in einer friedlichen, fremden Welt zu sein.

> Die schroffen Felslandschaften der Mittelgebirge, die süddeutsche Alpenregion und die dortige Flora und Fauna liefern Fotomotive für ein ganzes Leben.

Nahe Eppenbrunn liegt die Gruppe der Altschlossfelsen auf einer Anhöhe mitten im Wald und erstreckt sich knapp zwei Kilometer lang bis nach Frankreich. Das gewaltige, bis zu 30 Meter hohe »Bauwerk der Natur« durchziehen Durchgänge, Risse und Fugen. Das beeindruckende »Felsenglühen« erlebt man an einigen Abenden im April, wenn die Sonne so steht, dass sie eine dunkle Felsnadel anstrahlt und hellrot zum Leuchten bringt. Nicht weit entfernt steht bei Hinterweidenthal der 14 Meter hohe Teufelstisch – eine Felssäule, die von einer hunderte Tonnen schweren »Tischplatte« bekrönt wird. Dieses Pfälzer Wahrzeichen diente auch schon als Briefmarkenmotiv.

IM SÜDEN DIE BERGE

Und schließlich Berchtesgaden! Was für ein wohlklingender Name für jemanden aus dem Münsterland, vom »platten Land«. Die Wurzeln für meine Liebe zum südlichen Deutschland wurden in den frühen 1960er-Jahren gelegt, als die Familie im Urlaub Richtung Bayerischer Wald steuerte. Ab Mitte der 1970er-Jahre konnte ich endlich meiner Bergleidenschaft frönen. An jedem freien Wochenende ging es zum Königssee, ein Kleinod, das auch heute noch mit viel Liebe und noch mehr Kraft und Ausdauer zu entdecken ist.

Das Königsseegebiet ist noch immer ein kaum verbautes Land. Außer den Almhütten, Zeugnisse der seit Jahrhunderten landschaftsprägenden Almwirtschaft, stören hier in den höheren Lagen keine Bauwerke, Masten, Windräder den Blick zum Horizont. Nur die Berge sind zu sehen. Einmal war ich hier Mitte August auf der Suche nach »meinem« Edelweiß. Die Lärchen standen in sattem Hochsommergrün, und nur eine Stunde von der Gotzenalm entfernt fand ich ein paar einzelne Blüten. Abends auf der Hütte meinte der Koch: »Heuer ist eines der besten Edelweißjahre. Auf einigen Wiesen stehen sie so dicht, dass man Heu davon machen könnte!« Vor lauter Aufregung konnte ich es kaum mehr erwarten, am nächsten Morgen loszuziehen. Am Morgen sah ich aus dem Fenster und konnte es nicht fassen – 30 Zentimeter Neuschnee! Was für eine Enttäuschung! Damit war die Blütenpracht für dieses Jahr vorbei. Aus der Not machte ich eine Tugend. Wenn das Wetter in den Bergen umschlägt, kommen meist die Tiere von den Höhen in die Täler, um Schutz zu suchen. Ich wanderte also durch den tief verschneiten sommerlichen Wald und kam in das

traumhaft schöne Landtal. Direkt an der Weggabelung, wo mächtige Felsen zwischen den Lärchen liegen, stand plötzlich fast bewegungslos ein großer Steinbock. Es war ein groteskes Bild: eine tief verschneite Lärche im Sommer, und unter dieser Lärche sucht ein Steinbock Schutz vor dem Schnee. Es wurde mein Bild des Tages. Das Edelweiß hatte ich vergessen.

Auch heute halte ich mich gerne mehrere Tage auf den Hütten auf, um die Umgebung zu erkunden. Carl-von-Stahl-Haus, Gotzenalm, Wasseralm, Funtenseehaus, Riemannhaus, Wimbachgrieshütte, Watzmannhaus sind Sehnsuchtsorte am Abend, wenn man anstrengende, aber sehr befriedigende stundenlange Touren hinter sich gebracht hat. Fast wie im Dornröschenschlaf scheint die Reiteralpe zu liegen. Das Hochplateau unterhalb des 2286 Meter hohen Stadelhorns ist mit Latschen und jahrhundertealten Zirben bewachsen, rund um die Neue Traunsteiner Hütte liegen satte Almwiesen mit duftenden Kräutern und Blumen. Akelei, Enziane, Bergastern, Alpenrosen, Trollblumen, Edelweiß und Arnika blühen hier. In diesem Eldorado für Naturliebhaber leben Gämsen, Rothirsche, seltene Birkhühner und Schneehasen.

AUSBLICK

Mit dieser Vorstellung einiger meiner Lieblingsgebiete in Deutschland habe ich zugleich einen kleinen Einblick in die Vielfalt der hiesigen Landschaften gegeben. Natürlich ist diese Beschreibung nicht vollständig. Immer wieder tragen mir Zuschauer meiner Vorträge und andere naturverbundene Menschen Hinweise zu, die mich zu neuen Kleinoden führen. Aber wie viele der in diesem Buch gezeigten Naturwunder werden in naher Zukunft noch erhalten sein? Wir erweitern massiv die Infrastruktur für immer neue Gewerbegebiete auf der einst tatsächlich grünen Wiese, bauen immer neue Straßen, zerstückeln Naturlandschaften. Damit zerstören wir die Pflanzen- und Tierwelt ähnlich radikal wie in anderen Ländern Wälder gerodet werden. Es scheint momentan kein Halten mehr zu geben.

Doch trotz alledem: Seit fast 30 Jahren bin ich nun schon unterwegs und habe etwa eine Million Kilometer zurückgelegt. Und doch fehlen mir noch viele kleine Wunder – Gott sei Dank! So bleibt immer wieder etwas zu tun: Augen auf – finden – Kamera aufstellen – auslösen – genießen – weiter!

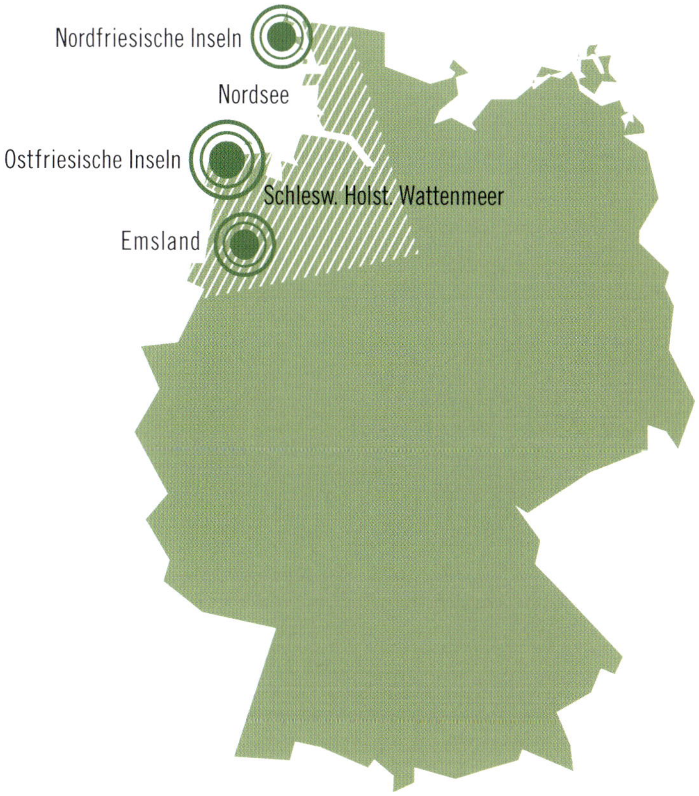

Wattenmeer und Küstenlandschaft

»Flammenmeer«. Von St. Peter-Ording aus startet die Cessna Richtung Westen. Schon nach wenigen Minuten öffnet sich die fantastische Landschaft des Sandwatts. In der Nähe der Insel Amrum liegt eine kleine Vogelinsel ohne Namen. Die Nordsee ist klar an diesem sonnigen Sommertag und keine Welle trübt die Wasseroberfläche. Plötzlich erblicke ich diese Sandformationen, die wie ein Flammenmeer anmuten. Es sind unterseeische Sandbänke, die durch die Strömungen des Meeres entstanden sind. Auf den Flächen, die über dem Meeresspiegel liegen, legen häufig Möwen und Seehunde eine Rast ein. Sichtbar werden die »Flammen« durch einen aufgesetzten Polfilter, der die Spiegelung des Wassers eliminiert.

Faszinierende Wattlandschaft bei Niedrigwasser aus der Vogelperspektive △

Schwere Brandungswellen donnern im Januar an den Strand des Ellenbogens auf Sylt.

Wie aus einer anderen Welt erscheint das Licht an diesem Nebelmorgen im Husumer Schlosspark. Millionen von Krokussen weben hier im Frühjahr einen faszinierenden Farbteppich. Drei Anläufe habe ich unternommen, um dieses »Blütenwunder des Nordens« bei gutem fotografischen Wetter zu erleben. Aber es hat sich ausgezahlt! ▽

EBBE UND FLUT – MARSCH UND MOOR

Da ich im Münsterland aufgewachsen bin, habe ich noch immer eine starke emotionale Bindung an den Norden. Schon als Kind nahmen mich die Eltern mit ins Emsland. Damals wurde noch sehr intensiv Torf abgebaut. Leider gibt es dort heute kaum noch große zusammenhängende Moorgebiete. Zum Fotografieren hielt ich mich wieder längere Zeit in der Region auf – und fand »meine« Moore bei Meppen und am Ewigen Meer bei Aurich. Ich entdeckte aber auch die majestätische Tausendjährige Linde von Heede und den Tinner Loh, ein kleines, aber sehr feines Buchenwaldgebiet, in dem große, alte Baumveteranen stehen.
Für ein Buch über die Küsten Deutschlands fuhr ich in einem Februar nach Spiekeroog. Ein eisiger Wind fegte damals über die Insel, die Temperaturen waren auf –5 Grad Celsius gefallen. Zentimeterhoch peitschten die Sandkörner über den Boden, die im Bild wie ein gelber Teppich erschienen. In den Sandrippeln wuchsen wie von Geisterhand Eiskristalle. Der Strand wirkte wie mit Sektflöten bestanden und wenn ich dort spazierte, hatte ich das Gefühl, Glas zu zertreten. Nur wenige Stunden später kam die Flut und nahm »meine Gläser« wieder mit. Zum Fotografieren war die Stimmung ein Geschenk des Himmels. Die Einsamkeit der winterlichen Strände ist ein Genuss und die Wintersonne tut ihr Übriges. Lange steht sie kalt über dem Horizont und bringt Priele und Sandrippel zum Leuchten.

Mein nächstes Ziel war die Insel Neuwerk im Hamburgischen Wattenmeer, wo das Leben nicht nur von Tag und Nacht, sondern auch von Ebbe und Flut bestimmt wird. Von dort marschierte ich bei ablaufendem Wasser durch den weichen, warmen Schlick.

PRALLES LEBEN IM SCHLICK

Ich wanderte und wanderte, verharrte immer wieder und schaute mich um. Als ich schließlich im Schlick stehen blieb, zeigte sich schon nach wenigen Minuten Leben. Ich entdeckte winzige Krebse und Larven, kleine Schnecken zogen ihre Bahnen, Prielwürmer bildeten die typischen Haufen, winzige Fliegen sammelten offensichtlich Nahrung und überall sah ich kleine Tropfen wie Springbrunnen aus dem Watt hüpfen. Sie stammten von Muscheln, die voll Schreck ihren Sipho einzogen.
An einem über zwei Meter tiefen Priel mit zerfurchten Ufern steckten abertausende Muscheln im Schlick. Ein überwältigender Anblick. Plötzlich sah ich am Horizont einen silbrigen Streifen, den ich nicht weiter beachtete. Doch schon wenige Minuten später war der Streifen weitaus deutlicher auszumachen. Die Flut kam! Im Priel begann das Wasser zu steigen und wies erst kaum wahrnehmbar, dann zunehmend stärker Strömung auf. Hastig begann ich zurückzuwandern, denn die Flut ist schnell: Sie läuft mit ca. fünf Stundenkilometern auf. Innerhalb weniger Minuten

bedeckte das Wasser die Stellen, wo ich gerade noch gelaufen war. Zwei Stunden später breitet sich überall wieder die Nordsee aus.
Ich liebe es, gegen den Strom zu schwimmen. In einem Fall hieß dies, einen richtigen Sturm an der Nordseeküste zu fotografieren. Als der Wetterbericht Orkan Xaver ankündigte, fuhr ich sofort los zur Küste beim Leuchtturm von Westerhever. Mit Kamera und Stativ bepackt lief ich auf den Deich. Dort raubten mir die überwältigende Aussicht und der Wind den Atem. Die Salzwiesen, auf denen sonst Schafe weiden, waren von sturmgepeitschten Wellen überflutet. Der Leuchtturm stand inmitten von tosendem Wasser. Wenn kurz die Sonne durchbrach, tauchte sie die Landschaft in gespenstisches Licht, das sich in Sekundenschnelle wieder veränderte. Dunkelgraue Wolken rasten heran und verschwanden wieder. Bis zu 160 Stundenkilometer schnell fegte der Sturm über den Deich und peitschte Regen und Graupel in mein Gesicht. Eine Naturgewalt! Meine Hände waren eisig, das Gesicht schmerzte und die Kamera war durchnässt. Aber wie sagte doch mein Mentor und Freund Fritz Pölking: »Ein gutes Bild muss weh tun!«

AUS DER VOGELPERSPEKTIVE

Der Sommer zog ins Land, der Himmel wurde blau und kristallklar – ideal, um mit dem Piloten Jürgen Knorr aus St. Peter-Ording buchstäblich in die Luft zu gehen. Nur wenige Minuten, nachdem wir mit der kleinen Cessna abgehoben hatten, tat sich unter uns eine neue Welt auf. Wir drehten Richtung Norden und überflogen die kleinen grünen Halligen. Westlich davon erschienen wie weiße Geister Süderoogsand und Norderoogsand. Auf Sandbänken ruhten Seehunde und Seevögel. Es war Niedrigwasser, und die vielfältigen Wattformen boten einen fantastischen Anblick. Im Gegenlicht glitzerte das Wasser unbeschreiblich, jedes Bild glich einem Gemälde. Schon von Weitem erkannte ich Sylt dank seiner typischen lang gezogenen Form. Nördlich von Westerland öffnete sich ein kleines Paradies: die Wanderdünen von List. Aus der Luft wirken sie wie eine Sandwüste. Keine Fußspuren sind zu sehen. Nur Sand, Formen, Strukturen und Gras. Noch weiter nördlich tauchten schließlich der Königshafen und der Ellenbogen mit seinen langen Dünenlandschaften auf. Wunderbar.

Das Pietzmoor bei Schneverdingen in der Lüneburger Heide ist eines der letzten größeren Hochmoore Norddeutschlands. Sein Alter wird auf 8000 Jahre geschätzt. Wenn das ansonsten graue, dunkle Moor im Frühjahr erblüht, wehen die weißen Fruchtstände des Wollgrases wie leichte Baumwolle im Wind. Die mit Erlen und Birken bestandene Landschaft kann man auf Bohlenwegen erkunden.

Kurz nachdem die Gänse Richtung Norden abgezogen sind, kommen die Störche aus dem Süden zurück. Meister Adebar wird sehnsüchtig als Zeichen des nahenden Frühlings erwartet – schließlich »bringt er doch auch die Kinder«.

Am Deich bei Westerhever scharen sich im März und April Nonnen- und Kanadagänse. Zu Tausenden äsen sie die Wiesen ab, um sich Kraftreserven für den Weiterflug nach Sibirien und Spitzbergen anzufressen. Bei den Landwirten sind sie nicht gerne gesehen, Natur- und Vogelschützer reisen jedoch von weit her an, um dieses Naturschauspiel zu erleben. ▽

Das junge Birkenlaub lässt im Frühling die Herzen höherschlagen. Anfang Mai erscheint das frische Grün gleichsam über Nacht.

Heidschnucken halten die Heide frei und verhindern, dass sie verbuscht oder von Gräsern überwuchert wird. Rund 10 000 dieser genügsamen Schafe leben als »Landschaftsgärtner« in der Lüneburger Heide.

Dünengras während eines herbstlichen starken Windes. Die Pflanzen halten den Sand fest, sodass aus Wanderdünen Graudünen werden. Auf diese Weise tragen sie auch zur Küstensicherung bei (oben).

Wilder Thymian lockt Schmetterlinge an (rechts oben).
Kaulquappen in einem Tümpel in der Lüneburger Heide (rechts Mitte)
Blühender Strandflieder bedeckt die Salzwiesen auf der Hamburger Hallig (rechts unten).

Von oben sehen die Wanderdünen auf Sylt wie ein Gebiet in der Sahara aus. Auf der touristisch stark erschlossenen Insel stellen sie ein letztes Stück unberührter Natur dar. ▽

Um unter den rauen Bedingungen der Nordseeküste überleben zu können, müssen Pflanzen und Tiere besonders spezialisiert sein.

Ein Krabbenkutter zieht durch einen Priel vor Süderoogsand, einem sogenannten Außensand des Schleswig-Holsteinischen Wattenmeeres. Mit rund 17 Quadratkilometern Fläche ist Süderoogsand der größte Hochsand des Gebiets. Die insgesamt drei nordfriesischen Außensande – Japsand, Norderoogsand und Süderoogsand – sind den Halligen vorgelagert und dienen als Wellenbrecher. Sie sind die letzten von Menschenhand unberührten Naturoasen in der Nordsee (oben).

Auf den Sanden rasten große Gruppen von Seehunden, Kegelrobben und Seevögeln. Sie gehören zur Kernzone des Nationalparks und dürfen nur mit Sondergenehmigung betreten werden (rechts).

Die Nordsee, wie ich sie liebe! Dräuende Wolken hängen über dem ruhigen, bleiernen Wasser der See. Nur hier und da öffnet sich eine Wolkenlücke und wirft ein Spotlight auf die glatte Wasseroberfläche. Alles spiegelt sich. ▽

Der Priel. Unter der Flut ist der Priel nicht zu erkennen, erst mit der Ebbe wird er sichtbar, doch bleibt er mit Wasser gefüllt – Rückzugsgebiet für Tiere, die das Trockenfallen nicht vertragen. Priele sind die Lebensadern des Wattenmeeres. Sie fungieren als Be- und Entwässerungskanäle dieses einzigartigen artenreichen Lebensraums.

Nationalpark Wattenmeer und Nordsee

MARTIN STOCK

Diese Küste, die unscharfe Trennlinie zwischen Land und Meer, war schon immer einem Wandel unterworfen. Eine faszinierende Natur, die nur eine eigene lebendige Entwicklung kennt: Werden, Wachsen, Verändern und Vergehen. Mal zeigt sie sich wie ein raues Meer, dann wieder schwappen sanfte Wellen an den Strand. Gekennzeichnet von rippeligem Meeresboden, salziger Luft, weitläufigen und von Prielen durchzogenen Watten mit wabernden Vogelwolken am Himmel: die größte zusammenhängende Wattlandschaft der Welt, ein letztes Stück Wildnis mitten in Europa.

Eine Landschaft, in der der Wind nie still steht. Seine beständig formende Kraft zeigt sich an Land in den hohen Dünen und an den Bäumen, deren Wuchsform von der Windrichtung bestimmt wird. Am Strand umspielt er Gegenstände und peitscht Sandkörner über die Fläche. Sandfahnen entstehen, wenn trockene Sandkörnchen über feuchte Flächen geweht werden und sich im Windschatten von Muscheln, Steinen oder Pflanzenteilen sammeln. Zusammen mit der Kraft des Wassers bewegt der Wind langsam und stetig Sandbänke und ganze Inseln. Mit jeder Ebbe und jeder Flut werden gewaltige Wassermassen hin- und hergezogen. Im weichen Wattboden gestalten sie die Formenvielfalt, schaffen Rinnen, Priele und sanfte Wellen am Meeresgrund.

Trotz ihrer vielen gemeinsamen Charakteristika ist diese weitläufige Naturlandschaft deutlich dreigeteilt. Vom niederländischen Marsdiep bei Texel bis zum Jadebusen erstreckt sich das südliche Wattenmeer. Hier liegen die Westfriesischen und Ostfriesischen Inseln als eine Kette von Barriereinseln, die von Wind, Meeresströmung und Sand aus der Nordsee aufgewachsen sind. Das mittlere Wattenmeer reicht vom Jadebusen bis zur nordfriesischen Halbinsel Eiderstedt, wo Weser, Elbe und Eider in die Nordsee münden. Hier können sich aufgrund der starken Strömungen und des großen Tidehubs keine Barriereinseln bilden. Das nördliche Wattenmeer reicht von Eiderstedt bis zur dänischen Halbinsel Skallingen. Hier existieren wieder seeseitige Barrieren aus Inseln und Außensänden. In der rückseitigen Gezeitenzone sind Marscheninseln und Halligen eingestreut. Sie sind Überreste alten Marschlandes, das in mittelalterlichen Orkanfluten untergegangen ist.

Dieses Mosaik der Lebensräume wird bevölkert von einer Vielzahl von Lebewesen. Das Spektrum reicht von meeresbewohnenden Krebsen und Würmern über Salzwiesen- und

> Durch die Ernennung zum UNESCO-Welterbe zählt das Wattenmeer zu den Meeres-Kronjuwelen weltweit.

Dünenpflanzen bis zu den Vogelschwärmen, die über die Drehscheibe Wattenmeer zwischen Arktis und Südhalbkugel wandern. Eine Wildnis, die es zu entdecken und erleben gilt. Wer sich in Ruhe an den Rand einer Düne in den Sand setzt, das Salz in der Luft schmeckt und die Stille der Natur hört, erfährt die Weite dieser Landschaft und verspürt eine Sehnsucht nach mehr von dieser wilden Natur. Diese Landschaft fasziniert. Geprägt von den Spuren ständiger Bewegung und Veränderung, gestaltet von natürlichen Kräften im stetigen Wechsel von Energie und Ruhe, Strömung und Stillstand. ■

Muschelbänke. Die häufigsten Muscheln an der Nordsee sind Herz- und Sandklaffmuscheln – und Miesmuscheln, die auch an Muschelbänken große Kolonien bilden. Muschelbänke finden sich an vielen kleinen und großen Prielen. Miesmuscheln leben vom Spiel der Gezeiten – Ebbe und Flut. Die anderen Muschelarten verstecken sich im Schlick. Mit Hilfe ihrer Siphonen filtern sie ihre Beute aus dem über sie fließenden Wasser heraus (oben).

Wattwurmhaufen ragen wie kleine Trutzburgen aus der spiegelnden Wasseroberfläche im Sand-Schlick-Watt bei Westerhever auf. Hier, in einem der wenigen noch unzerstörten Wattgebiete an der deutschen Nordseeküste, reicht der Blick weit bis zum Horizont. Das Wahrzeichen der Region, der Leuchtturm, steht dominierend und unübersehbar am Strand (rechts).

Vorpommersche Boddenlandschaft und Rügen

Naturbelassene Strände mit herabgestürzten Bäumen, Windflüchter, dichte Buchen- und Erlenwälder, Sümpfe. Im Herbst ziehen Rothirsche über die Dünen mit der blauen Ostsee im Hintergrund. Im Frühling blühen Wollgrasteppiche und Wasserfedern. Die Luft ist erfüllt vom Gesang der Vögel und dem Rufen der Kraniche. Das alles finde ich auf dem Darß, eingebettet in den Nationalpark Vorpommersche Boddenlandschaft. Weiter östlich beginnen die fast endlosen Sandstrände und Inseln der Werder-Inseln und des Gellen. Beim Überflug habe ich das Gefühl, in der Karibik zu sein. Anschließend geht es nach Osten auf die Insel Rügen mit ihrer steilen Kreideküste und den küstennahen Buchenwäldern, die zum UNESO-Weltnaturerbe zählen.

Ein Blick aus der Vogelperspektive auf die Steilküste im Südosten der Insel Rügen. Dahinter dehnt sich eine Parklandschaft mit Wiesen und Wald aus. △

Der breite Schilfgürtel am Peenemünder Haken auf der Insel Usedom ist ein wertvolles Rückzugsgebiet für seltene Vögel und Säugetiere.

REICH DER VÖGEL, BUCHEN UND EICHEN

In den Weiten Mecklenburg-Vorpommerns liegen große Naturschätze: die Müritz, die Ivenacker Eichen, die Feldberger Seen, der Peenestrom, der Darß mit seinen Dünenlandschaften, die Halbinsel Zingst, Hiddensee, Rügen und ganz im Osten die Insel Usedom mit ihren wilden Sümpfen und Wäldern. Über jedes dieser grandiosen Gebiete könnte ich eine Geschichte schreiben.
Die Straße von Ahrenshoop nach Prerow führt über mehrere Kilometer durch den Darßwald. Alte Bäume, sehr hohe Farne, Totholz, dunkle Buchenwälder! So stelle ich mir einen Nationalpark vor. Ich schwinge mich auf mein Fahrrad und fahre auf den alten Plattenwegen. Der Weg führt an ständig überfluteten Erlenbrüchen vorbei. Im Frühling blühen hier die Wasserfedern und die Schwertlilien. Zwischen Moosinseln brüten Kraniche, im dichten Unterholz finden Wildschweine Schutz und Ruhe – und Rothirsche. Im Herbst ist die Luft erfüllt von ihren Brunftrufen. Mittlerweile kommen viele Menschen auf den Darß, um das Naturspektakel Hirschbrunft zu erleben. Doch allein die Wanderung zu den Beobachtungskanzeln, den Wind zu spüren und gespannt darauf zu warten, dass die Hirsche aus dem Wald treten, ist für viele Besucher schon eine Reise wert.
Zur gleichen Zeit findet zwischen den Werder-Inseln und dem Binnenland ein reger Flugverkehr statt. Tausende Kraniche ziehen jeden Abend von den Äsungsfeldern am Ostseeheilbad Zingst vorbei zurück zu ihren Schlafplätzen auf der Insel Kirr und den Werder-Inseln. Hunderte Schaulustige, Fotografen und Vogelliebhaber zieht es an die Meiningenbrücke. Hier am Deich liegt einer der besten Beobachtungsplätze.

WEISSE FELSEN UND SKELETTBÄUME

Über eine Million Besucher aus aller Welt kommen jedes Jahr nach Sassnitz und an den Königsstuhl, um die Kreideküste zu bewundern. Am frühen Morgen breche ich von Sassnitz aus auf, um an der steilen Küste entlangzuwandern. Noch ist es dunkel, der Mond bescheint mit fahlem Licht die hohen Wände. Niemand ist unterwegs. Leise plätschern die Wellen gegen die abgeschliffenen Felsen. Schwäne ziehen lautlos vorbei. In der Morgendämmerung erreiche ich die ersten Bäume, die Stürme und Erosion von der Waldkante nach unten befördert haben. Teilweise gleichen sie weißen Skeletten. Mit dem nächsten Sturm und der nächsten starken Strömung werden sie wohl fortgeschwemmt. Der stete Wandel der Küste ist hier augenscheinlich, und jeden Moment kann wieder ein Teil der Küste ins Meer rutschen. Im Februar 2005 verlor Rügen die berühmten Wissower Klinken, die der Maler Caspar David Friedrich einst so beeindruckend malte.
Oben an der Steilkante liegen einige Wurzelteller von mächtigen Buchen frei. Gerade Stämme, kaum horizontal verlaufende Äste, mächtige Kronen – die hiesigen Bäume

sind typisch für die Küstennahen Buchenwälder, die seit 2011 zum UNESCO-Naturerbe gehören. Bei Sonnenaufgang wirken die Stämme wie angeleuchtete Mikadostäbe. Im Südosten von Rügen liegen die einzigartigen Trockenrasen- und Grasflächen von Klein-Zicker. Wanderwege führen durch diese fast parkähnliche Landschaft. Im Frühling singen hier Lerchen, Nachtigallen und andere Singvögel um die Wette. Eintagsfliegen tanzen in riesigen Schwärmen über den blühenden Büschen. Grillen zirpen im hohen Gras. Ich halte die Nase auf den Wiesenboden, es duftet wie in einem Kräuterladen. Kaum auszudenken: Nach der Wende plante man hier einen Golfplatz anzulegen. Heute gehört diese Perle zum Biosphärenreservat Südost-Rügen, das auch die »Wildnisinsel« Vilm umfasst.

BEI KORMORANEN UND SEEADLERN

Von einer großen Umweltschutzorganisation erhielt ich den Auftrag, am Peenemünder Haken und dem Struck zu fotografieren. Meine Fahrt folgt einem alten, mit Schlaglöchern übersäten Forstweg. Links und rechts dehnen sich Kiefer- und Mischwälder aus. Dazwischen liegen viele Senken, kreisrunde Bombentrichter. Ich gelange in einen Eichenwald, in dem eine Kormorankolonie lebt. Der ätzende Kot der Vögel wird im Lauf der Zeit die alten Bäume absterben lassen. Weiter im Wald entdecke ich eine uralte, sehr knorrige Eiche. Dichter Urwald hat sich dort ausgebreitet, wo einst Hitler Raketen Richtung England abfeuern ließ und die Briten versuchten, alle Gebäude und Einrichtungen zu sprengen. Kreisrunde Bombentrichter übersäen noch immer sichtbar den Waldboden. Peenemünde war ein Fischerdorf mit reetgedeckten Häusern, bis ab 1936 die Heeresversuchsanstalt Peenemünde und Lager für Tausende Zwangsarbeiter aus dem Boden gestampft wurden. Die letzten Reste sind noch heute zu sehen.

In den Verlandungszonen zur Ostsee breiten sich heute kilometerlange Schilfgürtel aus. In Sichtweite der Küste liegt die Insel Ruden. Ihr Nordteil ist mit dichtem Buchenwald bewachsen, im Süden ziehen sich lange Buhnenbänke, auf denen hunderte Kormorane nach den Jagdausflügen am Morgen ihre Flügel zum Trocknen ausbreiten. Dazwischen, respektvoll, bleibt meist ein Platz frei für den Seeadler.

Flutender Wasserhahnenfuß bedeckt große Teile eines Flachwassersees am Nordende des Struck am Peenemünder Haken. Seine Stängel können bis zu sechs Meter lang werden. Zuweilen breitet er sich wie ein grün-weißer Teppich über Flüsse und Flachwasserseen aus. Das Hahnenfußgewächs war die Wasserpflanze des Jahres 2016 (oben und rechts).

In den unberührten Auwäldern am Peenemünder Haken sind Erlenbrüche, Schwertlilien und knorrige alte Eichen zu finden. Der Naturpark Flusslandschaft Peenetal ist eines der größten zusammenhängenden Niedermoorgebiete Europas und in seiner Artenvielfalt und Landschaftsgestalt besonders urwüchsig (oben und rechts).

Mecklenburg-Vorpommerns einst große Brachflächen sind heute zum großen Teil verschwunden. Seit der Energiewende wird das Land mit Raps und Mais bestellt, um Biogasanlagen zu füttern. Mohn- und Kornblumenfelder sind mittlerweile ebenso eine Seltenheit wie artenreiche Offenlandschaften. ▽

Im Gespensterwald von Nienhagen stehen die Buchen kerzengerade, kaum ein waagrechter Zweig stört das Bild. Der Wald erstreckt sich in exponierter Lage entlang der Steilküste direkt an der Ostsee.

Die Sandbänke sind die Ausläufer der Halbinsel Gellen an der Südspitze von Hiddensee.

Nationalparks Vorpommersche Boddenlandschaft und Jasmund

HANS D. KNAPP

In diesen Nationalparks trifft man die wildesten Landschaften der deutschen Ostseeküste, Landschaften mit ungebrochener Dynamik im Wechselspiel von Werden und Vergehen. Hier kann man erleben, wie das Meer beständig an der Küste nagt, wie Wind, Wetter und Schwerkraft Geschiebemergel und Sand von den Steilküsten abtragen und wie an anderen Stellen neues Land aus dem Meer aufwachst. Der Wind weht den Sand zu Dünen auf, die von unterschiedlichen Pflanzengemeinschaften besiedelt werden. Auf die Primär- und Weißdünen mit Strandroggen und Strandhafer folgen Graudünen mit Silbergras und Flechten sowie Braundünen mit Krähenbeere und Heidekraut. Vom Wind geformte Kiefern ducken sich zwischen den Dünenkuppen und leiten die Entwicklung zum geschlossenen Wald ein. Im Darßer »Urwald« erstrecken sich alte Kiefernbestände und Buchenwald aus märchenhaften Baumgestalten auf den Reffen und in den nassen Riegen Erlensümpfe.

Entlang der Boddenküsten des Nationalparks Vorpommersche Boddenlandschaft ziehen sich kilometerweit Schilfröhrichte als Wildnis im Übergang vom Land zum Wasser. Durch die jahrhundertelange Beweidung mit Rindern und Pferden entstanden Salzweiden, die alljährlich überflutet werden und noch stark von Naturgewalten geprägt sind. Auf dem ehemaligen Schießplatz auf der Halbinsel Zingst kann die Natur ungestört regenerieren. Hirsche ziehen durch Dünentäler und Sümpfe, darüber kreist der Seeadler. Ein einmaliges Naturerlebnis bieten zehntausende Kraniche auf ihrer herbstlichen Rast in den flachen Boddengewässern.

Ganz anders erscheint die Wildnis im Nationalpark Jasmund mit ihren Bergen und Tälern. Senkrechte Kreidewände wechseln sich ab mit Kreide-Steilhängen, auf denen der Buchenwald bis an den Strand hinabreicht. Hin und wieder brechen Kreidemassen ab und verfärben das Tiefblau des Meeres zu weiß wogender Kreidemilch. Die Kreideküste von Jasmund wird als eine der wenigen Urlandschaften Deutschlands noch ganz von natürlicher Dynamik geprägt. Die ältesten und naturnächsten Wälder des Nationalparks gehören zum UNESCO-Weltnaturerbe »Buchenurwälder der Karpaten und Alte Buchenwälder Deutschlands«. Mit jedem Jahr wird der Wald wilder, wachsen die Moore und verändert sich die Küste mit jedem Abbruch.

> Die Urlandschaft von Jasmund zeugt davon, wie sich nach der letzten Eiszeit die Buchenwälder bis zur Meeresküste ausbreiteten.

Im Biosphärenreservat Südost-Rügen liegen mit dem Mönchgut und der Parklandschaft von Putbus herausragende Kulturlandschaften, die in über 5000 Jahren von Menschen geformt wurden. Doch mit dem Vilm im Rügischen Bodden schließt es auch eine Wildnisinsel mit eindrucksvollem alten Naturwald ein. Und das über 1000 Hektar große Waldgebiet der Granitz besitzt bedeutendes Potenzial, sich zu einer Wildnis zu entwickeln. ■

Am Hohen Ufer der Steilküste von Ahrenshoop an der Ostsee nisten Uferschwalben in großen Kolonien. In Bruthöhlen, die sie in den Sand gegraben haben, ziehen die Vögel ihre Jungen groß. Vom Bakelberg aus bietet sich eine wunderbare Sicht auf die Kolonie und die Ostsee.

Im Juni, wenn die jungen Uferschwalben an den Eingängen der Höhlen auf die Fütterung warten, ziehen Möwen vorbei, um die Jungvögel zu erbeuten.

Sturmwolken ziehen auf über der Ostsee am Strand von Zingst. ▽

Vegetationslose Steilufer sind das bevorzugte Brutrevier der Uferschwalbe. In Mitteleuropa gibt es solche Gebiete nur noch selten.

Am Peenemünder Haken leben mehrere Kormorankolonien. Ihr ätzender Kot lässt die Bäume absterben. Davon zeugen noch aus der Luft die weißen Stellen im Bild (oben).

Ein Schilf- und Moorgürtel erstreckt sich am Peenestrom bei Anklam (rechts).

Impressionen aus dem Darßer Wald: ein wildnishafter Erlenbruch (oben), in dem sich auch der Laubfrosch wohlfühlt (rechts Mitte) und üppiger Farn gedeiht (rechts unten)

Treffpunkt für zahlreiche Wasservögel ist der Anklamer Stadtbruch an der Peene (rechts oben).

»Amazonas des Nordens« – so wird das Peenetal auch genannt. Die Sumpfgebiete nahe Anklam sind ein Refugium für Otter, Biber und seltene Vögel wie Seeadler, Reiher, Kormorane und Seeschwalben. ▽

Ruhig windet sich die Peene über 85 Kilometer vom Kummerower See bis zur Mündung in den Peenestrom. An ihren Ufern finden Pflanzen und Tiere einen nahezu unverbauten Lebensraum.

Salzwiesen und Sandbänke prägen das Gesicht des Ostseestrandes an der Insel Struck und dem Peenemünder Haken.

Die Insel Ruden in der Mündung des Peenestroms ist der Rest einer ehemaligen Landverbindung. Auf den Buhnen rasten hunderte Kormorane, die in den nahen Wäldern brüten.

Im August und September erblüht die Besenheide auf der abgeschiedenen Insel Hiddensee. Eine Augenweide! ▽

Rothirschbrunft im Darßer Wald. Drei Wochen harrte ich aus, um das beeindruckende Naturschauspiel, das alljährlich etwa ab Mitte September hier stattfindet, beobachten zu können.

Die Hirschbrunft zu beobachten ist ein geradezu mystisches Erlebnis, das niemanden unberührt lässt.

Scheue Singschwäne überwintern in den offenen Wasserstellen an der Oder bei Schwedt.

Eine große Kormorankolonie hat sich am Warncker See an der Müritz etabliert. Nach den Fischzügen trocknen die Vögel ihr Gefieder.

Blick von der Ernst-Moritz-Arndt-Aussicht auf die Kreideküste von Rügen, die im düsteren Licht hell leuchtet. ▽

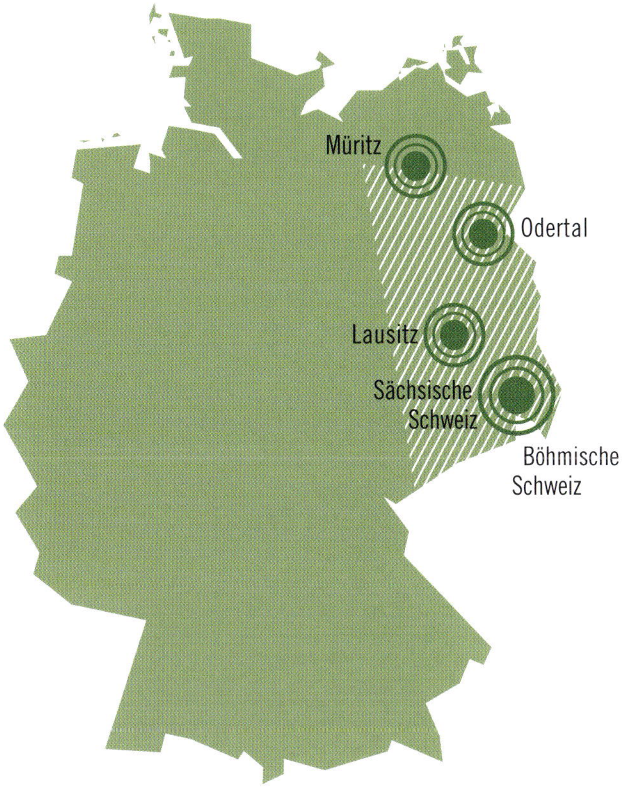

Odertal, Lausitz, Müritz, Sächsische Schweiz

Brandenburg und Oberlausitz: Für mich verbinden sich damit Störche, Kraniche, die Havel-Wasserlandschaften, der Spreewald. Nur das Geräusch der laufenden Kette meines Fahrrades ist zu vernehmen. Ich bin auf dem Weg von Lübbenau entlang der Spree nach Burg. Kilometerlang zieht sich der Waldweg durch dunkle Erlenwälder entlang der schier endlos scheinenden Spreekanäle. Am einfachsten und intensivsten entdeckt man diese einmalige Landschaft aber vom Wasser aus in einem der traditionellen Kähne. Lautlos gleitet man durch die dichten, nassen Wälder auf den Kanälen, die im Frühling von blühenden Schwertlilien gesäumt werden. Spät am Abend und frühmorgens hört man den betörenden Gesang der Nachtigall.

Mächtige Weiden säumen die Ufer der Altwasserarme der Oder. Hier sind Otter und Biber zu Hause. △

Das Prebischtor in der Böhmischen Schweiz in der Tschechischen Republik ist 16 Meter hoch und hat eine Spannweite von 26 Metern. Es ist das größte natürliche Sandstein-Felsentor Europas und eines seiner beeindruckendsten Naturdenkmäler.

LABYRINTHISCHE FLUSS- UND SEENLANDSCHAFTEN, BIZARRE FELSEN

Eines meiner Lieblingsgebiete im Nordosten sind die Auenlandschaften des Internationalparks Unteres Odertal. Bis weit ins Frühjahr hinein sind hier weite Teile des Poldergebietes entlang der Oder überschwemmt. Sobald das Wasser abgelaufen ist, kommen feuchte, saftige Wiesen zum Vorschein. Dicke alte Silberweiden und Stieleichen prägen das Landschaftsbild. Frühmorgens, noch vor Sonnenaufgang, und am späten Abend bis weit nach Sonnenuntergang entfaltet die Landschaft ihren besonderen, geräuschvollen Zauber: Kraniche rufen, Störche klappern, Frösche quaken, Nachtigallen trällern, Pirole flöten, Mücken summen und Hummeln brummen. Und mit etwas Glück sieht man Biber und Fischotter. Ein unvergesslicher Anblick sind im Frühjahr auch die Oderhänge bei Mallnow. Schon im März leuchten sie im gelben Licht von Tausenden Adonisröschen.

TEICHE UND BAGGERNARBEN

Wasser spielt auch eine besondere Rolle in der Lausitz. Seit 1994 ist das »Land der tausend Teiche« als UNESCO-Biosphärenreservat ausgewiesen. In diesem Gebiet liegen rund 350 von Menschen geschaffene Teiche, die durch ein System von Rohren und Gräben miteinander verbunden sind. Im Lauf der Jahrhunderte sind hier einmalige Biotope entstanden, in denen allein über 160 Brutvogelarten nachgewiesen wurden, unter anderem die Rohrdommel, der Neuntöter, der Drosselrohrsänger und der Ziegenmelker. Zudem flattern hier 16 Fledermausarten und der große Abendsegler. Und weiter östlich sind auf den teils stillgelegten Truppenübungsplätzen wieder Wölfe heimisch geworden.

Ganz im Süden der Lausitz erstreckt sich das Zittauer Gebirge. Schon von Weitem sichtbar ragen hier bei Jonsdorf die Nonnenfelsen auf. Besonders eindrucksvoll sind die unterschiedlichen Felsformationen des Gebiets, die auch bei Kletterern großen Anklang finden. Ein Wanderweg führt hier zu vielen markanten steinigen Naturdenkmälern wie dem Kelchstein, der Teekanne, der Großen und Kleinen Orgel und dem Felsentor auf dem Töpfer.

Richtung Nordosten zeigt die Landschaft der Niederlausitz ein ganz anderes Gesicht: Für den Braunkohletagebau haben hier die größten Bagger der Welt breite Wunden gerissen, die unübersehbare Narben hinterlassen haben. Ganze Regionen sind hier in den letzten hundert Jahren verschwunden, Dörfer wurden dem Erdboden gleichgemacht und tausende Menschen umgesiedelt. Trotzdem konnte ich mich als Fotograf nicht ganz der Faszination dieser gewaltigen Erdbewegungen entziehen. In den riesigen Abraumhalden, auf denen blühender Ginster wuchs, fühlte ich mich beim Blick durch die Kamera an den Südwesten der USA erinnert. Die Umweltschäden sind enorm – aber es gibt auch Gutes zu berichten: So gigantisch wie die Zerstörung der Landschaft sind auch die Maßnahmen, mit

denen man sie wieder renaturiert. Im ganzen Braunkohlerevier der Lausitz entsteht derzeit durch Überflutung der stillgelegten Tagebaue ein riesiges Seengebiet, von dem nicht nur Erholung suchende Menschen profitieren. Mit ihm entwickeln sich auch neue riesige Biotope samt Sümpfen und Buschland, in denen Tiere eine Heimat finden, die andernorts in Deutschland ausgestorben sind.

ELBSANDSTEINGEBIRGE ODER SÄCHSISCHE SCHWEIZ

Klein, aber sehr fein! – so kann man den Nationalpark Sächsische Schweiz beschreiben. Unmittelbar nach der Wende war dies eines der ersten Gebiete der damaligen neuen Bundesländer, das ich bereiste. Seitdem habe ich es viele weitere Male besucht, bietet doch schon allein das Basteigebiet zahllose Motive. Überwältigend ist der Blick von der Basteibrücke in den Wehlgrund, und vor allem im Frühling, wenn die Birken und Buchen grün werden und Morgennebel durch den Grund aufsteigen, zieht die Wehlnadel Fotografen magisch an. Von hier bietet sich einer der besten Ausblicke auf die Basteibrücke. Beindruckend sind auch die engen Felsendurchgänge und alten Bäume an den Schwedenlöchern, im Amselgrund und dem nahen Uttewalder Grund. Hier herrscht »Kellerklima« und es bleibt auch im Sommer kühl. Riesige Felsen säumen teilweise die Wanderwege, und an den steilen Wänden wachsen Farne. Durch einige dieser Felsenschluchten muss man sich regelrecht hindurchzwängen. Aber ein bisschen Abenteuer darf schon sein.

Die Sächsische Schweiz hat jedoch weitaus mehr zu bieten als das kleine Gebiet rund um die Bastei, in das es in der Hauptsaison rund 1,5 Millionen Besucher zieht. Über 500 Kilometer lang ist das Wegenetz, auf dem man zum Falkenstein, Gohrisch, Rauenstein und zu vielen anderen großartigen Zielen wandern kann. Auf tschechischer Seite wartet zudem in der Böhmischen Schweiz mit dem Prebischtor das größte Felsentor Europas. Jeder dieser Felsen ändert sein Gesicht je nach Witterung und Jahreszeit – für Maler und Landschaftsfotografen ein Eldorado. Eine schöne Wanderung führte mich einmal von der Schrammsteinbaude durch den Schießgrund, durch dichten Wald zum monumentalen Schrammtor und an hohen Wänden entlang zur Schrammsteinaussicht.

Nördlich von Schwedt erreichte ich von Gatow aus die Altwasserarme der Oder. Im Sommer flirrte die Luft vor Hitze über dem sumpfigen Gelände. Insekten und Frösche gaben ein lautstarkes Konzert, die Wiesen blühten, das Frühlingshochwasser war aus den Poldern abgelaufen, nur einige Weiden standen noch im Wasser (oben und rechts oben). Nun war die Zeit der Biber gekommen. Sie hatten Junge zu versorgen, weshalb man überall ihre Nagespuren sah (rechts unten).

Über viele Jahre war der Biber in Deutschland fast ausgerottet. Seit den 1990er-Jahren wird er in naturbelassenen und renaturierten Flussregionen wieder heimisch.

Im Frühjahr 1997 verwandelte das Hochwasser an der Oder das Gebiet in eine »Amazonaslandschaft«. Viele Wochen lang reichte das Wasser bis an die Deichkronen.

Über den Nebeln an der Müritz geht an einem frühen Morgen im September der spektakuläre »Blutmond« unter. ▽

Nationalpark Unteres Odertal

MICHAEL TAUTENHAHN

Im Nordosten Brandenburgs erstreckt sich Deutschlands einziger Flussauen-Nationalpark rund 50 Kilometer entlang des unteren Odertals. Sein Herzstück sind die großen Polder, die je nach Wasserstand des Stroms vom Herbst bis zum Frühjahr überflutet werden. In dem von Altwässern durchzogenen Gebiet findet man noch typische Lebensräume und Arten der Aue, die in ganz Europa selten geworden sind: große Stromtalwiesen, feuchte Hochstaudenfluren, Brenndolden-Auenwiesen und Auenwälder.

Der 10 323 Hektar große Nationalpark befindet sich gegenwärtig in einer tief greifenden Umbruchphase. Mittlerweile darf sich auf 50,1 Prozent seiner Fläche die Natur wieder ungestört entwickeln. Diese vielfältige Wildnis lockt mit ihrer herben Schönheit nicht nur immer mehr Menschen in das untere Odertal, sondern ist auch ein Paradies für Vögel. Bislang wurden 284 Arten beobachtet, von denen rund 150 hier auch brüten. Für den Wachtelkönig liegt hier sogar das wichtigste Brutgebiet in ganz Deutschland. Für viele Zugvögel ist das untere Odertal ein wichtiger Korridor, in dem sie auf ihren Wanderungen rasten. Einige Arten überwintern hier auch, wie z. B. der Singschwan oder die nordischen Gänse. Auf den überschwemmten oder frisch trockengefallenen Auenflächen wimmelt es von Kleintieren, im Frühjahr tummeln sich hier Millionen urzeitlicher Kiemenfußkrebse. Sie alle bieten reiche Nahrung für unzählige Watvögel. Wenn über der ganzen Szenerie dann noch einer der zahlreichen Seeadler majestätisch seine Runden dreht, ist das Naturerlebnis perfekt.

Die steilen Oderhänge bedeckt eine Vielzahl unterschiedlicher und sehr naturnaher Waldgesellschaften, die inzwischen gänzlich ungenutzt sind. Die Trockenrasen auf den südexponierten Hängen entstanden vor Hunderten von Jahren, indem man Wälder rodete und auf den Flächen Schafe und Ziegen weiden ließ. Damit sie nicht verbuschen oder verwalden, müssen sie weiterhin gepflegt werden. Der Aufwand lohnt sich: Die Trockenrasen bieten Lebensraum für Adonisröschen, Dreizähniges Knabenkraut und viele andere seltene Pflanzen.

Die Oder ist nicht nur die Lebensader dieser einmaligen Landschaft, sondern als Grenzfluss auch ein Symbol der Verbindung von Staaten und Schutzgebieten. Der Nationalpark ist integrativer Bestandteil des Internationalparks Unteres Odertal, zu dem auf polnischer Seite der Landschaftsschutzpark Unteres Odertal und der Zehdener Landschaftsschutzpark gehören. Obwohl der Strom als Bundeswasserstraße ausgebaut und kanalisiert wurde, ist er ein ökologisch wertvoller Lebensraum mit Laichplätzen für strömungsliebende Fischarten. Und da die Oder bis zur Staustufe Brzeg Dolny weit im Mittellauf keine Querverbauung aufweist, können hier auch die besonders gefährdeten Wanderfische überleben. Dazu zählen neben Lachs und Meerforelle auch die weniger bekannten Ostseeschnäpel und Quappen – und der Baltische Stör. Er wird in einem Großprojekt mit Schwerpunkt im Nationalpark Unteres Odertal gerade wieder angesiedelt. ■

> In dieser Flusslandschaft versteht man, wie das Zusammenspiel von Landschaft, Flora und Fauna funktioniert.

Schilfgürtel säumen die meisten Flachwasserseen an der Müritz im Herzen Mecklenburg-Vorpommerns. Im Herbst rasten in diesen Gebieten hunderte Kraniche vor ihrem Weiterzug in den Süden.

Skurril geformte Weiden stehen an den feuchten Wiesen im Großschutzgebiet entlang der Oder.

Der Teichrohrsänger hat seinen Lebensraum im Schilf (oben).

Der Mühlensee an der Müritz. Nach der Wende wurde der Mühlengraben verschlossen und der Seespiegel hob sich um einen Meter. Die Bäume starben ab und stehen noch heute als Baumstümpfe im See (rechts).

Ein Frühlingsabend an der Müritz bei Boek. Kaum ein Geräusch war zu hören, nur das Rauschen des Windes im Schilf und das Plätschern kleiner Wellen. Ein Platz der Ruhe. ▽

Der Frauenschuh gilt als »Königin der Orchideen«. Die seltene Schönheit blüht in lichten Buchenmischwäldern (oben).

Als Auen- und Moorlandschaft besitzt der Spreewald südlich von Berlin überregionale Bedeutung. Die Vielfalt dieses Lebensraumes erschließt sich am besten auf Fahrradtouren und Bootsfahrten. Besonders im Frühling, wenn die Erlen ergrünen und die Schwertlilien blühen, fühle ich mich hier wie in einem kleinen Paradies (links).

Heidelandschaft auf dem ehemaligen Truppenübungsplatz »Prösa«. Das Naturschutzgebiet »Forsthaus Prösa« gilt heute als Kern des Naturparks Niederlausitzer Heidelandschaft, hier stehen die größten Traubeneichenwälder Mitteleuropas.

Um eine Verbuschung der Landschaft zu verhindern, werden in den Naturschutzgebieten in der Lausitz Tarpane eingesetzt. Tarpane gelten als die ursprünglichen europäischen Wildpferde.

In der Lausitz wird seit Jahrzehnten Braunkohle im Tagebau gefördert. Wo die gewaltigen Abraumhalden renaturiert werden, entwickeln sich wieder artenreiche Gebiete. Die aufgelassenen Braunkohle-Tagebaue der Lausitz gleichen Mondlandschaften – doch aus dem fruchtbaren Boden sprießen schon bald wieder die ersten Bäume (links). Aus einigen Halden ragen die Überreste Jahrmillionen alter Bäume hervor, die nicht zu Kohle geworden sind (oben).

Im äußersten Südosten Sachsens ragen nur wenige Meter von Jonsdorf entfernt die Nonnenfelsen auf. Die 540 Meter hohe Felsformation im Zittauer Gebirge ist für Kletterer ein Paradies. Dieses Bild entstand in den Felsengassen Schwarzer Gang und Zigeunerstuben. ▽

Im Felsenland von Jonsdorf im Zittauer Gebirge finden sich fantastische Gesteinsformationen, wie die Große und die Kleine Orgel, und Basaltprismen vulkanischen Ursprungs.

Geradezu märchenhaft wirkt die »Teekanne« genannte Formation.

Die Basteibrücke spannt sich 130 Meter über den Wehlgrund und 194 Meter über dem Elbspiegel. Sie ist das touristische Herzstück der Sächsischen Schweiz. Seit vielen Jahren komme ich nun schon immer wieder hierher, und doch bin ich jedes Mal wieder tief beeindruckt von der Erhabenheit und Vielfalt dieser einmaligen Landschaft. ▽

Das Kleine Prebischtor unterhalb des Carolafelsens ist ein riesiger, natürlicher Steintisch, den hohe Felsen und weiß schimmernde Birken umgeben.

Das Felsmassiv der Kleinen Gans thront von der Basteibrücke aus gut sichtbar über dem Wehlgrund. Dieses Bild entstand im Frühjahr bei sehr tief stehender Sonne und noch frischem Birkengrün.

Ich liebe alte Bäume! Diese mächtigen Stämme – links eine Buche, rechts eine Fichte – mit ihren weit verzweigten, verschnörkelten Wurzeln fand ich im Amselgrund der Bastei.

Typische Überlebenskünstlerinnen im Elbsandsteingebirge sind Kiefern wie diese nahe der Bastei: spektakulär verwurzelt in einem Spalt in der Felsenburg Neurathen.

Der Nationalpark Sächsische Schweiz

HANSPETER MAYR

Vor den Toren Dresdens, dort, wo die Elbe aus Tschechien kommend in einem Canyon Deutschland erreicht, liegt das Elbsandsteingebirge. Diese beeindruckende Landschaft mit wild zerklüfteten Felsmassiven, unzähligen Felsnadeln und markanten Tafelbergen bildete im Erdzeitalter der Kreide den Grund eines Meeres. Im Lauf von 100 Millionen Jahren wurde das Gebiet emporgehoben, abgetragen und auch von der namensgebenden Elbe mitgestaltet, deren geschwungenes silbernes Band dieser einmaligen Landschaft zusätzlichen Reiz verleiht.

Der Nationalpark Sächsische Schweiz ist eingebettet in das gleichnamige Landschaftsschutzgebiet. Hier finden Wanderer teils wenig bekannte Routen und genießen die spektakulären Ausblicke von den landschaftsprägenden Tafelbergen. Deren senkrechte Felswände kündigen das Sandsteingebirge schon von Weitem an.

Obwohl nicht besonders hoch, erscheinen die Felsen den Menschen als Gebirge. Sie nähern sich durch tiefe, kühle Schluchten und steigen steil empor zu unzähligen Aussichten, erleben Perspektivwechsel auf kurzer Distanz und geraten immer wieder aufs Neue ins Staunen. In den Schluchten sammelt sich die schwerere kalte Luft. Spezialisten der Pflanzenwelt, die sonst nur in subalpinen Lagen vorkommen, sind hier zu finden. Das Gelbe Veilchen hat hier seit der Eiszeit überdauert! Die Fichte, ein Baum der höheren Berglagen, ist hier ebenfalls an ihrem optimalen Standort: kühl, feucht und nährstoffreich. Eine ragt imposante 62 Meter auf – die höchste in Sachsen. Die exponierten Felskuppen heizen sich dagegen im Sommer enorm auf, bis zu 60 Grad Celsius Bodentemperatur wurden bereits gemessen. Hier halten ursprüngliche lichte Kiefernwälder durch. Im Kampf um Nährstoffe und Wasser werden selbst über 200 Jahre alte Kiefern oft nur wenige Meter hoch.

Wo, wenn nicht hier, sollte eine Gesellschaft einer Landschaft den höchsten Schutz verleihen, den ihre Gesetze vorsehen: Nationalpark! 1990 noch in den letzten Tagen der DDR gegründet, ging der Nationalpark Sächsische Schweiz zusammen mit anderen Naturschätzen als »Tafelsilber der deutschen Einheit« in das wiedervereinte Deutschland ein. Im Jahr 2000 gründete die Tschechische Republik unmittelbar angrenzend den Nationalpark Böhmische Schweiz. Waren zu Beginn noch zwei Drittel der Wälder intensiv forstwirtschaftlich genutzt, hat sich heute der Mensch von mehr als der Hälfte der Fläche zurückgezogen. Ehemalige Forsten werden naturnäher umgebaut. Bis 2030 soll auf drei Vierteln der Fläche das Motto »Natur Natur sein lassen« gelten. Langfristig wird also auch am Fuß der Felsen mehr ursprünglichere Natur entstehen und erlebbar werden. Wie sieht Natur aus, wenn der Mensch nicht mehr eingreift? Wie laufen Prozesse in der Tier- und Pflanzenwelt wirklich ab? All das ist nur hier und in allen anderen Nationalparks in Deutschland erlebbar. ■

> Die unverwechselbare Felsen- und Waldlandschaft der Sächsischen Schweiz setzt sich jenseits der Grenze als Nationalpark Böhmische Schweiz fort.

Schwefelflechten leuchten an feuchten Felsen im Kirnitschtal der hinteren Sächsischen Schweiz.

Am Schrammstein, dem dominantesten Felsen in der Sächsischen Schweiz, sind typische Sandsteinverwitterungen zu sehen.

Tagelang hatte ich auf diesen Moment gewartet, bis sich endlich am frühen Morgen Nebel im Wehlgrund der Bastei bildete. Malerisch heben sich die Nadeln des Kleinen Wehlturms im Vordergrund und rechts dahinter der Felsenburg Neurathen ab. ▽

Der Aufstieg zur Schrammsteinaussicht ist im Winter sehr beschwerlich und glatt. Kaum war ich oben angekommen, fegte ein heftiger Schneesturm über die Felsen. Doch es hat sich gelohnt, trotzdem auf der Schrammsteinaussicht zu bleiben: Kurze Zeit später lichtete sich der Himmel und gab diese Sichten frei: Die Landschaft hatte sich in eine Märchenwelt verwandelt.

Ich fühlte mich an die kanadische Arktis erinnert, als ich dieses Bild von der Oder im Winter fotografierte. Über Nacht hatte sich sogenanntes Pfannkucheneis gebildet, das gemächlich mit dem Strom driftete. ▽

Thüringer Wald, Harz, Kyffhäuser, Hainich

Mittelgebirge, große Mischwälder, tiefe Schluchten, Kalkbuchenwälder, Artenvielfalt. All dies und vieles mehr zeichnet die Mitte des Nordostens Deutschlands aus. In den lichten Wäldern und an den Trockenhängen der Gebirge um Jena und den Kyffhäuser erblühen im Frühling die Orchideen, unter ihnen die »Königin der Orchideen«, der Frauenschuh. Oben, auf dem Brocken im Harz, blüht für kurze Zeit die endemische Brockenanemone. Im Winter erstrahlen die gleichen Gebiete unter blauem Winterhimmel und im tiefen Schnee. Die Landschaft schläft und bereitet sich auf das nahende Frühjahr vor, aber diese Winterzeit strahlt auch eine große Ruhe aus.

Am Waldrand des Hainich setzen im Mai Schlehen, Weißdorne und wilde Kirschen mit ihrer Blütenpracht leuchtend weiße Akzente inmitten des frischen Buchengrüns (links).

Ein junger Ahorn strebt zum Licht über den Blüten der Buschwindröschen (unten).

IM BLÜHENDEN URWALD

Mit dem Hainich verbinden mich viele persönliche Erinnerungen. Unter der engagierten Leitung von Manfred Großmann hat sich der Nationalpark immens entwickelt, und mit ihrem Bildungsangebot insbesondere für Kinder und Jugendliche leistet die Verwaltung hervorragende und unglaublich wichtige Arbeit. Heute zählt der Hainich zu den bekanntesten und beliebtesten Nationalparks in Deutschland. Ein Highlight ist die florale Farborgie im Frühjahr, wenn in den Senken und Bachläufen erst unzählige Märzenbecher erblühen, dann Schlüsselblumen und Anemonen, gefolgt vom Lerchensporn und später dem Bärlauch. Aber auch nach der Frühlingsblüte gibt es in den wachsenden Urwäldern auf den ehemaligen Truppenübungsplätzen viel zu entdecken: Natur, die sich wieder frei zu einer ungezähmten Wildnis mitten in Deutschland entwickeln kann.

Momentaufnahmen im Harz: Ein Feuersalamander huscht davon, ein Leberblümchen blüht, und die Erdkröten sind mit der Paarung beschäftigt (von links oben nach unten).

Blick auf das sagenumwobene Bodetal im Ostharz von der Roßtrappe, einem 403 Meter hohen Granitfelsen (oben)

In den Flusstälern des Harz herrscht ein besonderes Mikroklima, in dem unter anderem verschiedene Lurcharten, aber auch Feuchtigkeit liebende Pflanzen bestens gedeihen.

Die kühle Feuchtigkeit des Mittelgebirges verhilft den alten Bäumen zu einem Extra-Kleid aus Flechten und Moosen.

Flechten und Moose überziehen auch die uralten Felsen der Blockhalde am Gipfel des Brocken im Hochharz. ▽

Nationalpark Harz

ANDREAS PUSCH

Ausgedehnte Wälder im Wandel zur Wildnis, bizarre Felsen, jahrtausendealte Moore, ursprüngliche Bachläufe und der majestätische Brocken mit seiner Höhe von 1141 Metern. All dies macht die sagenumwobene Bergwildnis des Nationalparks Harz aus. Er ist einer der größten deutschen Waldnationalparks und war der erste länderübergreifende Nationalpark Deutschlands. 97 Prozent der Nationalparkfläche sind mit Wald bedeckt. Und mit nahezu 25 000 Hektar Fläche nimmt er rund zehn Prozent der Gesamtfläche des Harzes ein.

Als nördlichster Vorposten der deutschen Mittelgebirge trotzt der Harz jahrein, jahraus dem Wetter. Unwirtliches Klima herrscht in den Hochlagen. Wer mit der Brockenbahn auf die Brockenkuppe kommt, wird hier von niedrigen Temperaturen überrascht. West- und Südwestwinde erreichen Superlative und schwellen regelmäßig zu Orkanstärke an. Der Gipfel ist zudem der nebligste Ort Deutschlands. An mehr als 300 Tagen im Jahr versinkt er zeitweise im Nebel. Folge dieser Wetterextreme und einmalig in Deutschland: Die natürliche Waldgrenze liegt im Harz bereits bei 1100 Meter Höhe.

Wer die Brockenkuppe erwandert, merkt schnell, es geht steil bergauf. Auf engstem Raum sind im Harz alle Höhenstufen vom Hügelland bis hinauf zur Brockenkuppe zu finden. Neben dem rauen Klima und den unterschiedlichen geologischen Verhältnissen ist dies die Voraussetzung für die große Vielfalt an Lebensräumen und Arten, denn jede Höhenstufe bietet besondere Lebensbedingungen für eine reiche Tier- und Pflanzenwelt.

Im Buchenwald der unteren Lagen geht die Wildkatze auf Pirsch. Auch der Schwarzstorch baut hier auf mächtigen alten Buchen seinen Horst. Ab ca. 700 Metern ü. NHN verliert die Buche an Konkurrenzkraft und sie tritt mit der Fichte in Wettstreit. Hier ist das Reich des Raufußkauzes, der in verlassenen Baumhöhlen lebt. Ab ca. 800 Meter ü. NHN dominiert dann der bizarre Fichtenbergwald, in dem der Sperlingskauz brütet, die kleinste unter den mitteleuropäischen Eulen.

Im rauen Höhenklima haben in den kargen Bergheiden, den wilden Felslandschaften und den ursprünglichen Mooren sogar einzigartige Relikte der Eiszeit überdauert. Pflanzen und Tiere, die sonst nur in kühlen Klimaregionen vorkommen, sind hier zu Hause. Und ein alter Harzer, der bereits vor 200 Jahren ausgestorben war, ist wieder zurückgekehrt: der Luchs. Im Jahr 2000 wurde ein Wiederansiedelungsprojekt für die große Wildkatze gestartet. Inzwischen fühlt sie sich wohl im Harz, hat bereits seit einigen Jahren Nachwuchs und einzelne Tiere wandern sogar aus dem Harz in angrenzende Waldgebiete ab. Nach anfänglicher Skepsis ist der Luchs zum Sympathieträger der Region geworden und viele Nationalparkgäste hoffen auf ihren Wanderungen durch die sagenumwobene Bergwildnis, einen Blick auf den scheuen Waldbewohner erhaschen zu können. ■

> Die extremen Witterungsverhältnisse und die eher schroffen Landschaftsformationen machen den Harz zu einer Wildnis ganz eigener Art.

Die Drei Zinnen in der Teufelsmauer bei Thale im Ostharz. Die Sandsteinformation zieht sich 20 Kilometer lang durch das Harzvorland. Für mich waren die Besuche an der sagenumwobenen Teufelsmauer immer sehr lohnend. Hier habe ich aus einer Höhle heraus einen besonders spektakulären Abschnitt der Teufelsmauer eingefangen (links).

Angestrahlt vom letzten Abendlicht ragen die Felsen der Teufelsmauer bei Thale im Ostharz dominant und unheimlich in den Abendhimmel.

Farne, Moose und Flechten bedecken die Oberflächen der schroffen Felsen im Schwarzatal (oben).

Beim Anblick der Granitfelsen im Schwarzatal, einem 53 Kilometer langen, tief eingeschnittenen Kerbtal im Thüringer Schiefergebirge, verspürt man zeitlose Ruhe (rechts).

Schroffe Felsen und wilde Bäume säumen den Panoramaweg durch das Schwarzatal.

Mit ihren gewundenen Wurzeln sprengen die uralten Kiefern sogar Felsen.

Der Hainich in Nordthüringen ist eines der größten zusammenhängenden Buchenwaldgebiete Deutschlands und gehört zum UNESCO-Weltnaturerbe. Besonders im Frühling und im Herbst lohnt sich ein Flug über das Blätterdach dieses einmaligen Lebensraums. ▽

Ein Wahrzeichen des Hainichs ist die Betteleiche, deren Alter auf 600 bis 800 Jahre geschätzt wird.

Nationalpark Hainich

MANFRED GROSSMANN

Nur wenige Kilometer von der Wartburg entfernt schützt der Nationalpark Hainich ein 7500 Hektar großes Gebiet im Süden des Hainichs. Den Höhenzug bedeckt auf 16 000 Hektar das größte zusammenhängende Laubwaldgebiet des Landes – fast exakt in Deutschlands geografischer Mitte.

Der Nationalpark besteht seit Ende 1997, in seinen zentralen Bereichen findet jedoch schon seit rund 50 Jahren keine Nutzung mehr statt. Heute gilt dies für 94 Prozent des Gebiets, auf dem sich die größte nutzungsfreie Laubwaldfläche Deutschlands erstreckt. In dem rund 5000 Hektar großen Areal stehen mächtige alte Bäume, deren Stämme teils mehr als einen Meter Durchmesser haben.

Die Landschaft des Hainichs prägen riesige zusammenhängende Buchenwälder, die seit 2011 zum UNESCO-Welterbe »Buchenurwälder der Karpaten und Alte Buchenwälder Deutschlands« gehören. Auf dem Kalkboden des Mittelgebirges bilden sie eine artenreiche Waldlandschaft, wobei Waldgersten-Buchenwald vorherrscht. Das einst ganz mit Laubwald bedeckte Gebiet weist als Folge der Bewirtschaftung aber auch große Offenbereiche sowie kleinflächig Nadelwälder auf.

Neben den dominierenden Buchen kommen im Hainich rund 30 Baumarten vor, die von Natur aus in unseren Laubwäldern wachsen – und rund 20 weitere Arten, die der Mensch eingebracht hat. Hier sieht man Eschen, Bergahorn, Stiel- und Traubeneichen, aber auch Raritäten wie Elsbeere, Vogelkirsche und Bergulme. Eine Besonderheit sind die vielen Frühblüher. Im Frühjahr weben hier Märzenbecher, Hohler Lerchensporn, Leberblümchen, Buschwindröschen und vor allem der Bärlauch einen weiten, zarten Blütenteppich. Für Pilzexperten ist der Hainich mit geschätzten 3000 Arten ein Eldorado. Eine Charakterart ist der Zunderschwamm, der bevorzugt alte Buchen besiedelt.

Die Tierwelt des Hainichs ist typisch für Buchenwälder und umfasst auch seltene Arten wie Wildkatze, Bechstein- und Mopsfledermaus. Bislang wurden im Nationalpark fast 190 Vogelarten gesichtet, darunter der seltene Mittelspecht, für dessen Erhalt Deutschland eine globale Verantwortung trägt. Auf den Offenflächen entdeckt man Braun- und Schwarzkehlchen, Neuntöter und Wiesenpieper. Das Heer der Insekten ist kaum zu überschauen. Mittlerweile hat man allein mehr als 2000 Käferarten kartiert, von denen über 500 Arten im oder am Holz leben. Mit dem Reitters Strunk-Saftkäfer hat sich sogar ein Urwaldrelikt erhalten, das in Deutschland als ausgestorben galt.

> Auf seinem Weg zum »Urwald mitten in Deutschland« braucht der Hainich nur noch eines: Zeit!

Auf dem Gebiet des heutigen Nationalparks lagen früher Truppenübungsplätze, weshalb der Hainich nur wenig bekannt war. Heute ist er ein beliebtes Ausflugsziel. Mit insgesamt 120 Kilometer langen Wanderwegen, einem Baumkronenpfad und vor allem seiner wunderschönen Waldlandschaft hat er seit seiner Gründung über vier Millionen Besucher angelockt. Vom militärischen Sperrgebiet bis zur UNESCO-Welterbestätte – der Hainich hat in kurzer Zeit eine bemerkenswerte Entwicklung vollzogen. ■

Viele Tage im Jahr hängt der Nebel in den abgeschiedenen Bergfichtenurwäldern am Brocken im Hochharz. Beerensträucher und Moose überziehen die mächtigen Felsen.

Als sich der Nebel im Schwarzatal endlich lichtete, flutete das Sonnenlicht für wenige Sekunden durch die Bäume. Mein Bild des Tages war im Kasten.

Die wildromantische Schwarza auf ihrem Weg durch den in herbstliche Farben gehüllten Thüringer Wald ▽

Der Schröderfelsen im Thüringer Wald ist nach dem ersten Schneefall des Jahres weiß gepudert (oben).

Blick von Oberhof auf die großen Nadelwälder des Thüringer Waldes, ein rund 150 Kilometer langes Mittelgebirge (rechts)

Tief verschneite Fichten auf dem Brocken bilden einen bizarren Anblick vor dem Himmel, der an diesem Januarabend in glühende Farben getaucht ist. Hier, auf etwa 1100 Meter Höhe, müssen die Bäume im Winter arktische Temperaturen, heftige Schneefälle, scharfen Wind und tagelangen Nebel überstehen. ▽

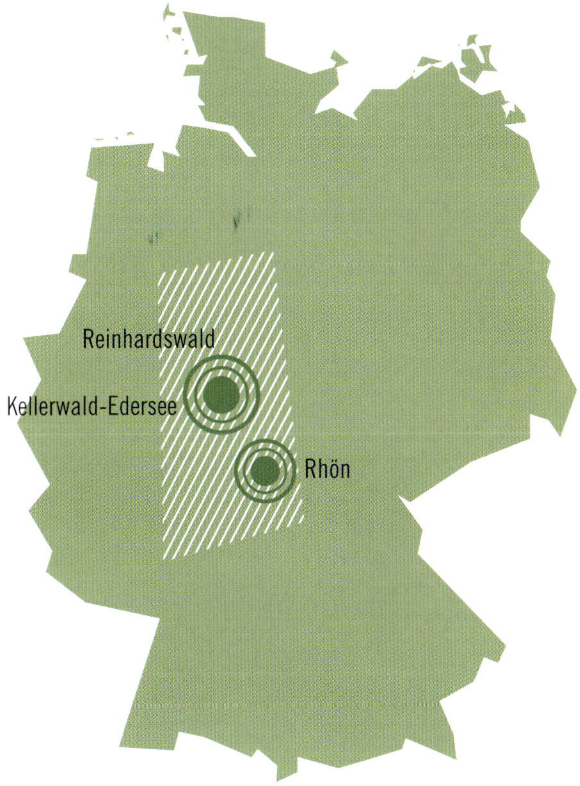

Rhön, Kellerwald-Edersee, Reinhardswald, Solling

Ein großes wogendes Meer aus Buchen bedeckt diesen Landesteil im Herzen Deutschlands: der Reinhardswald mit seinem faszinierenden »Urwald«, der hügelige Meißner-Kaufunger Wald, der Kellerwald-Edersee, in dem man zu einigen der mächtigsten und ältesten Buchen Mitteleuropas wandern kann. Dazu gehören auch die Wälder der Rhön, die vielleicht in Kürze zum Nationalpark deklariert werden wird. Das Mittelgebirge mit seinen Höhenlagen, Mooren, markanten Blockhalden und uralten Bäumen in den »Schwarzen Bergen« bietet eine einmalige Mischung aus Kultur- und geschützten Naturlandschaften – und damit Lebensräume für eine großartige Vielfalt von Tier- und Pflanzenarten. Selbst seltene Rotmilane und Schwarzstörche brüten hier in hoher Dichte.

Das Schwarze Moor liegt im Dreiländereck von Bayern, Hessen und Thüringen direkt an der Hochrhönstraße. Hier findet man noch das Scheidige Wollgras, den Sonnentau und das Birkhuhn.

Im Frühsommer erblüht in der Hochrhön das Weidenröschen und überzieht die Landschaft mit einem violetten Teppich.

Vieles in der Rhön wirkt gigantisch, der Blick, die Blockhalden, die Bäume und selbst die Pilze.

Der makellose Riesenschirmling – oder auch Parasol – stand an der Hexenbuche am Himmeldunkberg in der Rhön (links oben). Nicht weit entfernt fand ich diese Boviste (links unten).

Vom Basaltblockmeer am Schafstein in der Bayerischen Rhön reicht der Blick über Wälder mit teils 160 Jahre alten Baumriesen. In dem Gebiet findet man noch Türkenbund, Bärlapp und Orchideen (oben).

An alten Mooreichen haben sich Moose und Flechten angesetzt. Nur diese Birken können auf dem sauren Boden des Moores in der Bayerischen Rhön überleben (oben).

Auf 600 Jahre wird das Alter der Gerichtseiche vor Holzhausen im Reinhardswald geschätzt. Sie steht versteckt in einem unscheinbaren Fichtenwald (links).

Die imposanten Eichen und Buchen im Urwaldgebiet Reinhardswald an der Sababurg besitzen teils ein geradezu biblisches Alter. Einige Eichen sind zwischen 600 und 800 Jahre alt.

Bäume wie Statuen: Selbst wenn sie schon gefallen sind, sind die Bäume beeindruckend. Am schönsten ist der Reinhardswald im Frühling und Herbst.

Ein kleiner Urwald im ältesten Naturschutzgebiet der Rhön an der Platzer Kuppe in den »Schwarzen Bergen«

Biosphärenreservat Rhön

CLAUS SCHENK

Mitten in Deutschland erstreckt sich die Rhön 90 Kilometer lang und 50 Kilometer breit im Grenzgebiet von Bayern, Hessen und Thüringen. Diese beeindruckende Mittelgebirgslandschaft ist ein Hotspot der Biodiversität, weshalb knapp drei Viertel ihrer Fläche als UNESCO-Biosphärenreservat ausgewiesen sind – insgesamt rund 2500 Quadratkilometer. Tatsächlich ist die Rhön eine sehr eigene, warme und raue, aber vor allem eine vielfältige Charakterlandschaft. Ein Land mit weiten Tälern und sanften Hügeln, Kuppen und Kegeln, das von der Vorderen Rhön bis zu den Plateaus der Hohen Rhön eine wilde Schönheit prägt. Sie ist das Land der tausend Quellen und faszinierenden Waldgesellschaften, eine Landschaft der Gegensätze, von Natur aus reich und wild, gezähmt und gebändigt, geliebt und gepflegt. Der Mensch hat die Rhön schon in der Altsteinzeit entdeckt und der Natur einen Kulturlebensraum abgerungen. Von jahrhundertelanger Beweidung zeugen die uralten, vom Wetter gezeichneten Hutebuchen, die teils als feine Baumskulpturen modernen Naturkunstwerken gleichen.

Die Gestalt der Rhön ist Ausdruck ungebändigter vulkanischer Kräfte. Vor 20 Millionen Jahren ragten hier über 350 aktive Vulkane fast 3000 Meter hoch in den Himmel, sprenkelten Lavaseen und Schlote die Landschaft. Bis heute finden wir viele Zeugnisse dieser bewegten Vergangenheit: Moore, Schlackenkegel, Blockhalden und Basaltsäulen.

Festgeschrieben im Boden ist die uralte Entstehungsgeschichte dieses Naturraums: das Salz des Zechsteinmeers, das hier vor rund 250 Millionen Jahren wogte, Fossilien und Spuren von Sauriern und anderen Urzeittieren. Wo einst Mastodonten und Säbelzahntiger lebten, wachsen heute Adonisröschen und Waldhyazinthe, flattern seltene Schmetterlinge wie der Schwarze Apollo und die Berghexe. Über 45 wilde Orchideenarten leuchten wie Edelsteine an geheimnisvollen Orten, Schwarzstorch und Biber bevölkern die Gewässer, Wildkatze und Luchs streifen durch die Wälder, und auch der Wolf wird bald die Rhön durchwandern.

Ungebrochen ist die Anziehungskraft des Schwarzen Moores, das seit 1939 unter Naturschutz steht. Dieses größte Hochmoor der Rhön begeistert mit seiner wilden Natur, in dem dunkle Mooraugen, Birken, Kiefern und Beerensträucher ein Fest der Farben zünden. Ihre größte Ausdruckskraft findet die Natur der Rhön jedoch in ihrem einmaligen Spektrum von über einem Dutzend Laubwaldgesellschaften, vom Zwiebelzahnwurz-Buchenwald bis zum Orchideen-Buchenwald an den südexponierten Kalkhängen. In diesen Urwaldrelikten und Urwäldern von morgen krabbeln Schiffswerftkäfer und Kopfhornschröter, wachsen Buchenschleimrübling, ästiger Stachelbart und viele weitere Pilze, kriechen Glasschnecken, deren Herz man schlagen sieht, und Knoblauch-Glanzschnecken, die mit ihrem Geruch lästige Fressfeinde vertreiben. Weltweit einzigartig ist die nur zwei Millimeter winzige Rhön-Quellschnecke, die in Sickerquellen unter Wasser lebt. ■

> In der Buchenwald-Natur gibt es viele Aufgaben und für jede einen Spezialisten, deshalb tummeln sich hier Millionen Arten.

Saar-Hunsrück, Eifel

Der erste Herbststurm bläst mit dicken Schneeflocken über die Anhöhe des Katzenlochs. Noch hängen die bunten Herbstblätter an den Bäumen, doch der nasse Schnee und der scharfe Wind werden die Pracht bald beenden. Schroffe Felsen, bizarr verwachsene Bäume und Blockfelsen prägen die Naturlandschaft in der Kernzone des Schutzgebiets: wildes Deutschland. Weiter im Westen türmen sich die Felsen der Teufelsschlucht in der Südeifel gen Himmel. Aber dies ist erst der Anfang. Bis weit nach Luxemburg hinein zieht sich die einmalige Felsenlandschaft des Mullerthals. Hier kann man herrlich wandern – und Fotografen sollten viel Zeit mitbringen.

Im Frühling blüht der Ginster oberhalb des Urftstausees. Ringsum stehen riesige, artenreiche Buchenwälder. △

Das über 600 Quadratkilometer große Hochmoor Hohes Venn liegt im grenzüberschreitenden Nationalpark Eifel.

BUCHEN, MAARE UND NARZISSEN AUF URALTEM GRUND

Im Südwesten Deutschlands liegt der Hunsrück weitgehend in Rheinland-Pfalz, ein kleiner Teil gehört jedoch zum Saarland. Beide Bundesländer verbindet der Nationalpark Hunsrück-Hochwald, durch dessen dichte Buchenwälder selten gewordene Wildkatzen streifen. Hans-Martin Braun, ein exzellenter Kenner der Natur des Hunsrücks und engagierter Unterstützer des Nationalparks, zeigte mir seine Lieblingsplätze auf den Hochflächen des Mittelgebirges. An der Mörschieder Burr, einer Blockhalde aus der letzten Eiszeit, waren die Felsen mit Schwefelflechten und die alten Bäume mit Flechten überwachsen. Das gleiche Bild bot sich am Dollberg, mit 695 Metern die höchste Erhebung des Saarlands. Dessen »Hausberg« ist jedoch der 586 Meter hohe Schaumberg bei Tholey. Mit seinem Aussichtsturm ragt er aus der flachen Umgebung dominierend heraus.

IM URWALD VOR DER STADT

Saarbrücken ist umringt von Gewerbeparks und Autobahnen, aber auch umgeben von Buchenwäldern. Gleich vor den Toren der Stadt beginnt der Saarkohlenwald – und liegt die Scheune Neuhaus. Rings um dieses Zentrum für Waldkultur entsteht in einem Naturschutzgebiet ein Urwald zum Anfassen, den man ganz ohne Verbotsschilder kennenlernen kann. Hier, wo die kohleführenden »Saarbrücker Schichten« an die Oberfläche treten, bilden teils 200 Millionen Jahre alte Kohlereste die Grundlage für das heutige Wachsen der Urwälder.

An einem frühen Morgen stand ich noch vor Sonnenaufgang auf dem Aussichtspunkt Cloef oberhalb der Saarschleife. Nebel zog über den Fluss, und im Licht der aufgehenden Sonne verfärbte sich die mit Buchenwald bestandene Landschaft für einen kurzen Moment rötlich. Oberhalb der Cloef führt ein Baumwipfelpfad 1250 Meter durch den dichten Wald, von dessen Aussichtsturm der Blick weit über die Saarschleife reicht.
Einem Ratschlag von Sven Nieder aus Daun folgend, machte ich mich an einem Herbsttag auf zur Teufelsschlucht in die Südeifel. Nebel hing über dem Land, die Blätter der Bäume waren schon verfärbt, kaum ein Wanderer war unterwegs. Plötzlich führte der Weg durch einen schmalen Felsspalt bergab in eine Landschaft, die ich dort nie vermutet hätte. Grandiose, riesige Sandsteinwände, bestanden mit alten Buchen, säumten den Weg. Überall ragten kleine Felsentürme auf, sah ich Einschlüsse, Durchgänge und bizarre Formen, die die Verwitterung geschaffen hatte. Es wird vermutet, dass das Gebiet vor rund 10 000 Jahren durch mehrere Felsstürze entstanden ist. Die Felsformationen setzen sich von hier noch über viele Kilometer fort und gehören zu den spektakulären Landschaftselementen des deutsch-luxemburgischen Naturparks Südeifel. Ein Kerngebiet des grenzübergreifenden Gebiets ist das Mullerthal auf Luxemburger Seite.

Eifel im Herbst – Eifel im Frühjahr. Im Frühling charterte ich in Daun ein Kleinflugzeug für einen Flug über die Vulkaneifel. Schon kurz nach dem Start blickte ich aus der Luft in die »Augen der Eifel«: das Schalkenmehrer, Gemündener und Weinfelder Maar. Die dunklen Seen liegen in nahezu kreisrunden Mulden, die vor tausenden Jahren durch vulkanische Explosionen entstanden. Seit 1984 stehen sie unter Naturschutz. Weiter Richtung Westen und Süden breiteten sich unter mir schier endlos scheinende Mischwälder aus, in denen Buchen dominieren. Jetzt im Frühjahr ließen sich die verschiedenen Baumarten durch ihre unterschiedlichen Grüntöne leicht voneinander unterscheiden. Manchmal zogen heftige Windböen über die Fichtenwälder und bliesen so ungeheure Samenwolken auf, dass es fast wie ein Sandsturm anmutete.

»EIFELGOLD«

Wieder am Boden, fuhr ich zum Weinfelder Maar. Hier blüht im Mai und Juni der Besenginster, der auch »Eifelgold« genannt wird, und taucht die ganze Landschaft in intensives Gelb. Dieses Gelb fand ich auch auf dem ehemaligen Truppenübungsgelände Vogelsang, das heute die Kernzone des Nationalparks Eifel bildet. Von hier öffnet sich ein grandioser Blick über den Urftstausee mit seinen umliegenden alten Buchenwäldern.

Westlich davon bietet sich im Frühjahr bei Monschau ein weiteres großartiges Naturschauspiel, wenn um Ostern im Perlenbachtal auf den Wiesen und an den Wäldern am Perlenbach tausende wilde Narzissen erblühen. Nicht weit entfernt erstrecken sich die Hochmoore auf dem Hohen Venn. Auf der 600 Quadratkilometer großen Hochfläche, die sich weit nach Belgien ausdehnt, ist das Klima kühl und die Winter sind lang und schneereich. Eine Besonderheit des Hohen Venns sind die sogenannten Palsen. Diese häufig mit kleinen Seen gefüllten Bodenvertiefungen werden von ringförmigen Wällen umschlossen und entstanden im Permafrost der letzten Eiszeit. In dieser rauen Landschaft wachsen Besen- und Glockenheide, im Sommer blüht das Wollgras. Inzwischen gibt es wieder Biber und Luchse, und auch Birkwild breitet sich langsam wieder aus. Auf Bohlenwegen kann man tief in die Moore hineinwandern und einen Lebensraum hautnah erleben, der einem sonst meist verschlossen bleibt.

Das Pulver Maar in der Vulkaneifel bei Daun. Die auffälligen, oft mit Wasser gefüllten Vertiefungen in der Landschaft entstanden durch vulkanische Aktivität (oben).

Die Mischwälder der Vulkaneifel bilden ein aus allen erdenklichen Grüntönen zusammengesetztes Muster (links).

Dichte alte Buchenwälder stehen am Ernstberg in der Vulkaneifel (oben).

Im Frühling verbreitet dort der blühende Bärlauch seinen strengen Duft (rechts oben), und im Perlenbachtal leuchten in den Wiesen die gelben Blüten der wilden Narzissen (rechts unten).

Als Wildpflanze ist die Narzisse in ihren Beständen stark bedroht und daher streng geschützt. In den südwestlichen Bachtälern des Nationalparks Eifel liegt eines ihrer letzten Refugien.

Ein Arrangement wie in einem Landschaftsgarten: Im Perlenbachtal in der Eifel gesellen sich die zarten wilden Narzissen zu den starken Wurzeln der Bäume zwischen Moosbedeckten Felsen.

Er gilt als die höchste Steilwand zwischen den Alpen und Skandinavien – der Rotenfels bei Bad Münster am Stein ist 200 Meter hoch und 1200 Meter lang. Als ich dort im Frühjahr fotografierte, konnte ich angesichts dieser einzigartigen Wand meinen Augen kaum trauen. ▽

Nationalpark Eifel

MICHAEL RÖÖS

Nur etwa 65 Kilometer südwestlich von Köln befindet sich der »Wilde Westen« Nordrhein-Westfalens – der Nationalpark Eifel. Er ist gekennzeichnet von Laubwäldern, artenreichen Wiesen, Felsen, zahlreichen naturnahen Bächen und landschaftsprägenden Stauseen.

Auf den ersten Blick mag die Natur hier unspektakulär erscheinen. Und doch geschieht hier etwas, das in Nordrhein-Westfalen auf so großer Fläche einzigartig ist: Wald und Offenland des 10 700 Hektar umfassenden Nationalparks sind auf dem Weg zur Wildnis. Weil dort keine wirtschaftliche Nutzung von Naturgütern durch Holzernte, Mahd oder Schafbeweidung mehr stattfindet, kehrt die Natur zurück in ihren eigenen Kreislauf aus Werden und Vergehen. Besucher erleben den spannenden Prozess der wieder entstehenden Wildnis hautnah mit. Im zeitigen Frühjahr blühen Gelbe Narzissen in den Tälern, im Frühsommer verwandelt der Besenginster – das »Eifelgold« – die offenen Hochflächen in ein gelbes Meer und im Herbst zeigen sich die Buchen- und Eichenwälder von ihrer farbenprächtigen Seite.

Noch gilt der 2004 gegründete Nationalpark Eifel als »Entwicklungs-Nationalpark«: 30 Jahre haben Schutzgebiete dieser Kategorie Zeit, in der mindestens Dreiviertel ihrer Fläche (in der Eifel auf über 85 Prozent) sich selbst überlassen bleiben – erst dann erfüllen sie die internationalen Kriterien. Doch schon heute gilt auf mehr als der Hälfte des Gebiets das Nationalpark-Motto »Natur Natur sein lassen«, das heißt der Mensch überlässt die Natur wieder ihren eigenen Gesetzen. Großräumig natürliche Lebensräume und die dazu gehörenden Prozesse zu schützen, das sind die Hauptaufgaben des Nationalparks Eifel.

Dass diese Arbeit Früchte trägt, zeigt unter anderem die Zahl von fast 10 000 nachgewiesenen Tier-, Pflanzen- und Pilzarten – über 2000 davon gelten als gefährdet. Es handelt sich häufig um Arten, die auf die Lebensbedingungen im Schutzgebiet angewiesen sind. Im Vordergrund der öffentlichen Wahrnehmung stehen dabei die Wildkatze, der Uhu, der Schwarzstorch oder die Gelbe Narzisse.

All das führt im Jahr etwa 870 000 Besucherinnen und Besucher in den Nationalpark Eifel, die dort auf eigene Faust oder bei einem der begleiteten Naturerlebnisangebote unterwegs sind. Die Naturschätze des Nationalparks zu erleben, soll dabei allen Menschen zumindest an ausgewählten Stellen möglich sein. Aus diesem Grund hat die Nationalparkverwaltung die Barrierefreiheit zu einem Grundsatz für ihre Arbeit gemacht. Ob in Ausstellungen, bei Wander- und Erlebniswegen, Rangertouren, Schulklassenprogrammen oder auch bei Tierbeobachtungsstationen – überall bestehen Angebote für Menschen mit und ohne Beeinträchtigung. Dadurch können Menschen den Weg der Natur in die Wildnis von Morgen mit immer weniger Barrieren auch selbst erleben. ■

> Selbst Sterne sieht man hier besser als sonst im dicht besiedelten Nordrhein-Westfalen, sodass der Nationalpark Eifel sich »Sternenpark« nennen darf.

In den engen Schluchten der Südeifel finden Farne in den kleinsten Ritzen des Gesteins genug Nahrung zum Überleben (oben).

Nahe der luxemburgischen Grenze ragen im Felsenland Südeifel mitten im Wald gewaltige dunkle Felswände auf. Zu den steinernen Naturmonumenten führen wunderbare Wanderwege. In Westdeutschland ist das Gebiet eines meiner Lieblingsziele (rechts).

Die Felsen der Blockhalde am Katzenloch im Hunsrück wirken nach dem ersten Schneefall im Oktober mystisch und wild.

Schwer lastet der nasse Schnee auf dem herbstlichen Farn und den Bäumen in einem Moorgebiet im Hunsrück.

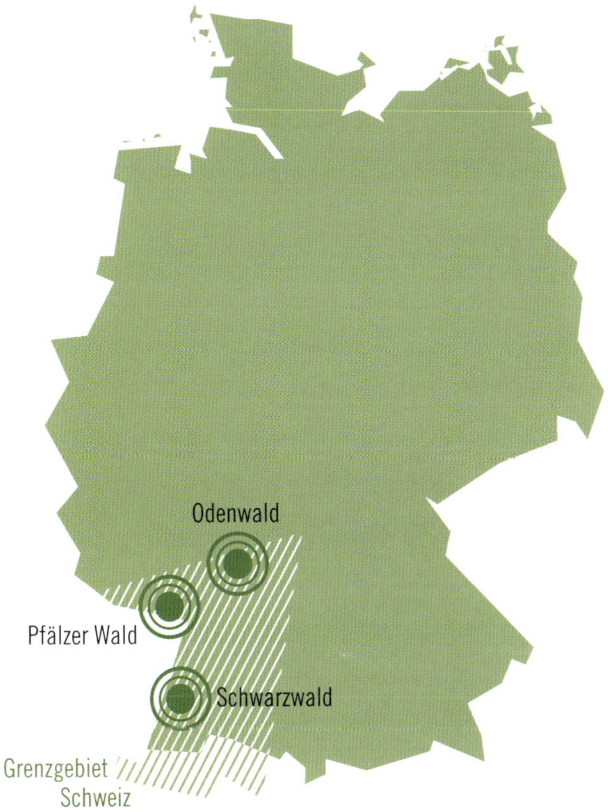

Pfälzer Wald, Schwarzwald, Schwäbische Alb

Die Pfalz ist nicht nur das Land der exzellenten Weine, sondern auch der schönen Wälder. Hier bildet der Pfälzer Wald eines der größten zusammenhängenden Buchenwaldgebiete Deutschlands. Zu seinen großartigen Naturschätzen gehören imposante Baumriesen und mächtige Felsformationen, die in den Wäldern und auf den Anhöhen aufragen. Auf rund 200 Millionen Jahre wird das Alter dieser markanten Türme und Wände geschätzt. Die bekanntesten sind die Lämmerfelsen im Dahner Felsenland und die Altschlossfelsen bei Eppenbrunn. Bei gutem Wetter sieht man im Osten des Pfälzer Walds bis zu den Höhenzügen des Schwarzwalds. Um ihn zu entdecken, empfiehlt sich zunächst eine Fahrt über die Schwarzwaldhochstraße. Danach aber gilt es, die Wildnis zu Fuß zu entdecken.

Wie eine mächtige Festungsmauer aus Buntsandstein ziehen sich die zwei Kilometer langen Altschlossfelsen bei Eppenbrunn vom Pfälzer Wald bis nach Frankreich. △

Aus den Nebelschwaden der ersten Herbsttage ragt die Burg Berwartstein im Dahner Felsenland dominierend aus den umliegenden Buchenwäldern auf.

FRÜHLINGSZAUBER, WASSERFÄLLE UND FELSENLAND

Ich war süchtig nach Frühling und suchte nach Gebieten, in denen ich Frühlingsblüher finden konnte. Es war aber erst Mitte März und nur an wenigen Stellen in Deutschland zeigten sich bereits die Märzenbecher. Einem Tipp aus dem Internet folgend, fuhr ich in die Schwäbische Alb. Am frühen Morgen erreichte ich das Lautertal, wo schon am Parkplatz die ersten Blüten leuchteten. Mit Kameras und Stativ bepackt, machte ich mich zu Fuß auf den Weg, um das Wolfstal zu erkunden. Schon nach wenigen Metern öffnete sich vor mir eine Welt voll zarter weißer Blüten. Zu Tausenden standen sie vor fantastischen dunklen Felsen, die ohne diesen Blütenteppich dem Tal eine unheimliche Atmosphäre verliehen hätten. Wie in einem kleinen Urwald lag überall Totholz und auf einer Anhöhe stand ein abgestorbener Baum, der ganz mit grünem Moos überzogen war. Als er von einem Sonnenstrahl getroffen wurde, hob er sich gespenstisch beleuchtet vor einer fast schwarzen Felswand ab. Nur drei Kilometer ist das Wolfstal lang, doch es genügte, um mich völlig zu überwältigen.

WILDES WASSER, WILDE VÖGEL

Für die Schwarzwaldregion waren schwere Unwetter mit starkem Regen und Wind vorhergesagt. Die meisten Menschen mögen solch ein Wetter nicht, ich finde es spannend und fuhr deshalb los. Mein erstes Ziel war die Ravennaschlucht, ein Seitental des Höllentals. Die Ravenna strömt dort in zwei größeren Wasserfällen einmal über 16 Meter und einmal über sechs Meter in die Tiefe. Der eigentlich »wilde« Teil ist vier Kilometer lang. Als ich dort ankam, hörte ich schon von Weitem das Rauschen der Ravenna, die sich in einen reißenden Gebirgsfluss verwandelt hatte. Gelbbraun schoss das mit Sedimenten angefüllte Wasser zu Tale und ließ den großen Wasserfall wie einen Löwen »brüllen«. Am nächsten Tag hatte es aufgehört zu regnen und nur wenige Stunden später war die Flut zu Ende.

Ein ähnliches Erlebnis hatte ich einmal im Januar. Nachdem die Temperaturen viele Tage unter -10 Grad Celsius gelegen hatten, fuhr ich zum Triberger Wasserfall. Er gilt als der höchste Wasserfall Deutschlands, tatsächlich ist jedoch der Röthbachfall am Obersee bei Berchtesgaden höher, wenn auch wesentlich schwieriger zugänglich. Die Kaskaden des Triberger Wasserfalls waren fast vollständig erstarrt, nur an wenigen Stellen floss noch ein wenig Wasser. Man konnte sich kaum vorstellen, dass diese imposante Eislandschaft jemals wieder zum Leben erwachen würde! Doch als kurz darauf Tauwetter mit Regen einsetzte, rauschte schon nach wenigen Stunden wieder ein mächtiger Wildfluss über die Kaskaden und riss die Eisstrukturen in kürzester Zeit mit sich. Zwei Tage später war das Eis fast ganz verschwunden und das Hochwasser abgelaufen.

Nicht weit entfernt erstreckt sich seit 2014 der Nationalpark Nordschwarzwald am Hauptkamm des Gebirges.

Zwischen der Hochschwarzwaldstraße und dem Tal der Murg schützt er ein Gebiet mit Fichten- und Buchenwäldern, einsamen Seen wie dem Wildsee und dem Huzenbacher See – und seltenes Auerwild. Speziell im Frühling ist dort Vorsicht geboten, wie ich am eigenen Leib erfuhr. Zusammen mit einem Ranger war ich unterwegs auf der Suche nach einem Auerhahn, den ich fotografieren wollte. Tatsächlich mussten wir jedoch gar nicht lang suchen, denn der Auerhahn fand uns und griff sofort an. In der Balz verteidigen die Hähne mit »Hoden vor den Augen« ihre Weibchen und ihr Revier und kennen keine Angst. Alles, was sich bewegt, wird angegriffen. Das kann sehr schmerzhaft werden, wiegt der Vogel doch bis zu fünf Kilogramm.

LEUCHTENDE FELSEN

Eine andere Perle unter den deutschen Landschaften ist der Pfälzer Wald mit dem Dahner Felsenland. Bei der Anreise sieht man schon von Weitem die Felsnadel des Drachenfelsens, der sich prominent von der Landschaft abzeichnet, danach erscheint die Burg Berwartstein und kurz vor Dahn tauchen schließlich die Lämmerfelsen auf. Mit der Hilfe von zwei dort ansässigen Freunden, Andreas Stern und dem »Wasgau-Indianer« Richard Stöbener, fand ich viele wunderbare Motive. Insbesondere Richard Stöbener öffnete mir die Augen für die unglaubliche Schönheit des Gebietes, nicht zuletzt durch seine eigenen Fotografien. Ein großartiges Erlebnis war einmal im September eine Wanderung hinauf zur Wegelnburg. Ich war extrem früh aufgebrochen, um auf der höchstgelegenen Burg des Wasgaus den Sonnenaufgang zu erleben. Dort oben, in 570 Meter Höhe, öffnet sich eine einmalige Sicht über die sanften Hügel des Wasgaus. An diesem Morgen hatte ich Glück: Der Himmel war klar und alle Hügel des Wasgaus ragten aus dem Morgennebel auf, der im Licht der »blauen Stunde« in fluoreszierendem Blau und Pink erstrahlte. Beeindruckend sind aber auch die nur wenige Kilometer westlich bei Eppenbrunn gelegenen Altschlossfelsen. Die bis zu 30 Meter hohen Sandsteinfelsen ziehen sich in einer knapp zwei Kilometer langen Kette durch den dichten Buchenwald. Ein Star des gewaltigen, einmalig verwitterten Naturdenkmals ist der Leuchtende Fels, der im April im Licht der tief stehenden Sonne in hellem Rot zu erglühen scheint.

Eine knorrige Kiefer trotzt dem Wetter auf einem Höhenzug am Donaudurchbruch bei Fridingen (oben).

Über Jahrtausende hat sich die Obere Donau ihren Weg durch das Karstgestein gesucht. In der Donauversinkung bei Fridingen verschwindet ihr Wasser zu einem großen Teil im Boden und wird so in das Flusssystem des Rheins umgeleitet (rechts).

Dunkel präsentierte sich an diesem Märztag die Wolfsschlucht bei Lautertal in der Schwäbischen Alb. Ein stark bemooster Baum fluoresziert im einfallenden Sonnenlicht.

Wenn in der Wolfsschlucht die Märzenbecher blühen, kommen tausende Besucher, um die ersten Frühlingsboten zu begrüßen.

Kurz nach einem Hochwasser war ich im Schwarzwald an der Ravenna unterwegs. Aus dem kleinen Bachbett war ein Flussbett geworden und das Wasser hatte Felsen und Farne überspült. ▽

Hoch spritzt die Gischt des Rheinfalls von Schaffhausen in der Schweiz – im Sommer 2016 führte er ungewöhnlich viel Wasser.

Der Anblick der brodelnden Wassermassen des Rheinfalls erinnerte mich an die spektakulären Wasserfälle in Südamerika.

Eine Buche in frischem Frühlingsgrün spiegelt sich im Wildsee.

Nationalpark Schwarzwald

WOLFGANG SCHLUND

Seit 2014 hat Baden-Württemberg seinen ersten Nationalpark! Eingebettet im 375 000 Hektar großen Naturpark Schwarzwald Mitte/Nord liegt das 10 062 Hektar große Schutzgebiet im Nordschwarzwald zwischen Baden-Baden und Freudenstadt auf über 750 Meter Höhe. Die Wälder sind geprägt von dunklen Karseen, mächtigen Blockhalden, Quellen, Bachläufen, Waldmooren, Feuchtheiden – und von ihrer jahrhundertelangen Nutzung. Fichten und Kiefern wurden zur Harzgewinnung angeritzt, Buchen geschlagen und zu Holzkohle verarbeitet, Tannen gefällt, über Bäche, Flüsse und schließlich auf dem Rhein nach Holland geflößt. Die gerodeten Waldflächen forstete man überwiegend mit Fichten auf. Ab dem Mittelalter wurden die bewaldeten Hochlagen brandgerodet und mit Rindern und Ziegen beweidet. Dadurch hagerten die Böden so aus, dass sich nur spezielle Pflanzenarten ansiedeln konnten und in der Folge sogenanne Grinden entstanden, Feuchtheiden mit Zwergsträuchern, Pfeifengras und Rasenbinse.

Im 19. Jahrhundert löste die Eisenbahn die Flößerei ab. Wege wurden in den Wald getrieben, um das Langholz zu den Bahnhöfen zu bringen. Im Gegenzug brachte die Eisenbahn »Sommerfrischler und Luftschnapper« in den Schwarzwald. In den 1930er-Jahren wurde als touristische Panoramastraße die Schwarzwaldhochstraße gebaut, die heute den Nationalpark teilweise durchzieht bzw. streift. Im Nordschwarzwald hat aber auch der Naturschutz lange Tradition. Im Bannwald »Wilder See«, jetzt Kernzone des Nationalparks, ruht seit 1911 jegliche forstliche Nutzung. Die umliegenden Naturschutzgebiete, die heute überwiegend zum Nationalpark gehören, wurden zum Teil schon Mitte der 1930er-Jahre ausgewiesen. Ein Großteil der Fläche ist auch Natura-2000-Gebiet. Doch mit dem Nationalpark hat der Naturschutz eine neue Dimension erreicht. Die Bergmischwälder können sich wieder frei entwickeln, der Bannwald »Wilder See« macht es vor: Hier dürfen die Bäume uralt werden, Borkenkäfer bringen hier und da Fichten zum Absterben, Schneebruch und Windwurf schaffen Platz für neues Leben. Veränderung ist angesagt – und bringt neue Vielfalt hervor: Wild durcheinander finden sich kleine, große, junge, alte und tote Bäume, deren Stämme Risse, Astlöcher und Höhlen aufweisen. Diese enorme Strukturvielfalt spiegelt sich im Reichtum der Arten wider. Pilze, Spinnen, Weberknechte, Asseln, Pseudoskorpione, Tausendfüßler, Laufkäfer, Nachtfalter, Libellen und viele weitere Insektenarten

> Veränderung ist angesagt – und bringt neue Vielfalt hervor.

sowie mehr als 100 teils gefährdete Holzkäferarten finden hier ideale Bedingungen. Unter den Brutvogelarten profitieren vor allem Sperlingskauz, Raufußkauz, Gartenrotschwanz, Kleiber sowie verschiedene Meisen- und Spechtarten von dem großen Angebot an Totholz und Baumhöhlen. Und in den sturmgeprägten, schneereichen Landschaften der Grinden, Bergkiefernwälder und Waldmoore leben Auerhühner, Rothirsche und Kreuzottern, Alpine Gebirgsschrecken, Warzenbeißer, Alpenspitzmäuse und Nordfledermäuse. Die Gäste des Nationalparks können hier eine Ruheoase im hektischen Alltag finden – und die kleinen und großen Wunder der wachsenden Wildnis bestaunen. ■

Eine Felsnadel ragt zu den oberen Schichten der Altschlossfelsen auf (oben).

Im Frühjahr ist der »Leuchtende Fels« das beliebteste Fotomotiv in diesem Eldorado für Naturfreunde, Wanderer und Fotografen (rechts).

Durch Verwitterung und Erosion entstanden in den Altschlossfelsen Höhlen und Durchgänge. In ihnen wachsen heute starke Buchen. ▽

Einem Bonsaibäumchen gleich steht diese Kiefer auf ihrem steinernen Turm in den Lämmerfelsen des Dahner Felsenlands im Pfälzer Wald.

Wie aus dem Bilderbuch: Fliegenpilze im Pfälzer Wald

Das beeindruckende Felsenmeer von Lautertal-Reichenbach im Odenwald ist durch Wollsackverwitterung entstanden. ▽

Mitreißende Winterschönheit: Die im Schwarzwald gelegenen Triberger Wasserfälle führen Hochwasser (links).

Nach dem letzten starken Schneefall im Frühling werden die Bäume im Ravennatal schon grün und es beginnt zu tauen. In großen Fahnen fällt der schmelzende Schnee auf die Fichten (oben).

In den Wäldern des Südschwarzwalds rasten riesige Bergfinkenschwärme – in manchen Jahren zählen sie zwei Millionen Tiere. Das Gezwitscher ist fast ohrenbetäubend. ▽

Blick von der Schwarzwaldhochstraße auf den Fichtenwald des Nordschwarzwaldes. Seit Tagen lag das Rheintal unter dichtem Nebel. Die tiefe Abendsonne ließ den Hochnebel rot leuchten.

Sonnenstrahlen werden von den Zweigen eines Baumes im Nebel aufgefächert. Ein Strahlenkranz entsteht. Dieses Naturschauspiel fasziniert mich immer wieder.

Ein kalter Tag auf dem Schauinsland im Hochschwarzwald im Tiefwinter. Eine große Ruhe liegt über dem Land. ▽

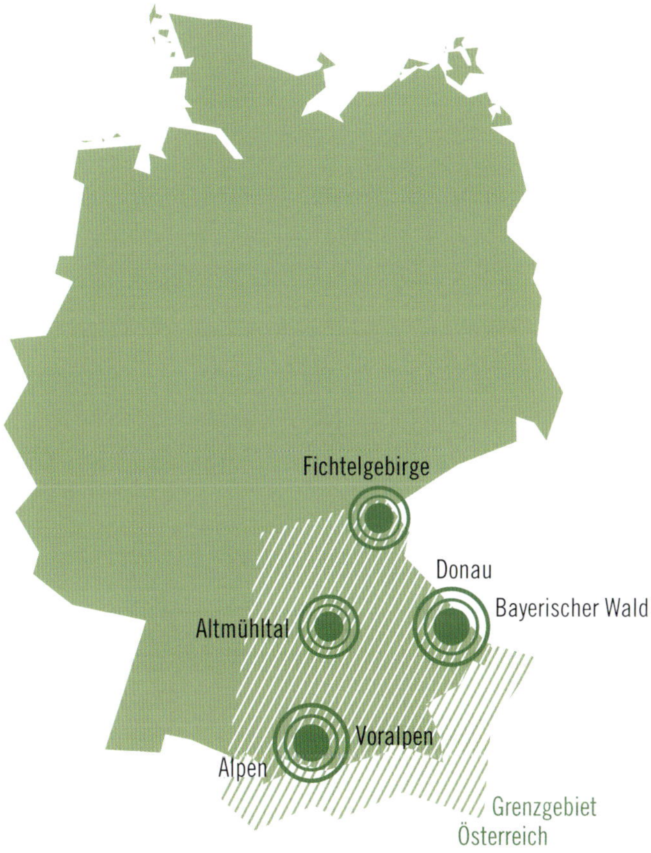

Fichtelgebirge, Altmühltal, Bayerischer Wald, Alpenregion

Der Blick reicht vom Feuerpalfen bei der Gotzenalm in Berchtesgaden tief hinunter auf den blau schimmernden Königssee. Lautlose Elektroboote ziehen ihre Bahnen. Majestätisch erhebt sich darüber der Watzmann mit seiner berühmten Ostwand. Nicht weniger anziehend sind für mich die mächtigen Felsen des Felsenlabyrinths im Fichtelgebirge, wo haushohe Felsen wie von Geisterhand abgelegt worden sind. Wanderwege erschließen diese einzigartige Welt. Im Süden schließt sich das artenreiche Gebiet des Bayerischen Waldes an. Weiter westlich erheben sich die Karstfelsen des Altmühltales aus dem Urdonautal, nicht weit entfernt von den Auwäldern der Lechmündung und der Donau.

Blick von der Zugspitze Richtung Südosten. Wochenlang lag der Hochnebel über dem Voralpenland. Hier oben, auf knapp 3000 Meter Höhe, herrschte herrliches Sonnenwetter bei eisigen Wintertemperaturen. △

Der Burgstein ist das Wahrzeichen im Naturpark bei Dollnstein im Altmühltal. Der 45 Meter hohe Kalkfelsen wurde im Lauf von Jahrmillionen von der Urdonau freigelegt.

VON ALPENBLÜHEN UND BAYERISCHER WILDNIS

Es ist heiß. Die Sonne brennt unerbittlich an die Röthwand am Obersee oberhalb des Königssees. Steil, steinig und sehr schmal zieht sich der Bergpfad die Wand empor. Oben teilt sich dann der Weg, nach rechts geht es weiter zur Wasseralm, links ins Landtal, zur Gotzenalm, zum Seeleinsee und Kahlersberg. Jetzt, im Hochsommer, bin ich normalerweise zu Hause, in diesem Jahr aber möchte ich endlich die unglaubliche sommerliche Flora der Berge fotografieren. Ich biege also nach links ab und wandere weiter bergauf. Der Weg Richtung Hochgschirr gilt zwar als einfacher Weg, geht aber erheblich in die Waden und auf die Lunge.

Auf halber Höhe zum Hochgschirr pfeifen schon die Murmeltiere. Als ich schließlich stehen bleibe und durch mein Fernglas blicke, bemerke ich erst jetzt, dass ich schon mitten in meinem Blumenparadies angekommen bin. Schlüsselblumen, Alpendost, Kratzdisteln, Feuerlilien und viele Enzianarten blühen an den Schutthängen, auf und zwischen den Felsen. Ich fühle mich wie in einem kleinen alpinen botanischen Garten. Intensiv mustere ich Blume für Blume meine blühende Umgebung, wechsle den Blick von Übersicht zum weiten und schließlich zum nahen Detail. Für Mitwanderer der pure Albtraum: Der Fotograf hat mögliche Motive gefunden – das bedeutet zwei Stunden geduldiges Warten. Tief in den Anblick der zarten Farbenpracht versunken, bleibt mein Blick plötzlich an einem behaarten strahlend weißen Blütenstern hängen: ein Edelweiß! Ich freue mich, denn für mich ist das Edelweiß die Alpenblume schlechthin. Von der Gotzenalm zur Wasseralm und von dort weiter zu den Teufelshörnern, das war unser Ziel für die nächsten Tage. Stundenlang ging es auf schmalen Pfaden durch dichten Wald, riesige Felsen, feuchte Wiesen. Der Pfad stieg steil bergauf und die Vegetation wurde lichter. Hier, in diesem gerölligen Gebiet dieser zwei dominaten Berge, dem Großen und Kleinen Teufelshorn, sollten sich Steinböcke aufhalten. Hier im Nationalparkgebiet sind sie ziemlich zahm, da sie nicht bejagt werden. Wir biegen um eine Kurve und dann waren sie da! Eine große Gruppe mit Böcken, die beachtliche Gehörne trugen. Sie waren eher das Gegenteil von scheu. Sie lagen auf unserem Weg und dachten gar nicht daran, aufzusehen und zu gehen. Über eine Stunde konnten wir sie in Ruhe beobachten und fotografieren, bevor sie sich letztendlich bemühten den Weg freizumachen.

Die Landschaft um Berchtesgaden ist für mich mit sehr vielen Erinnerungen verbunden. Schon in den 1970er-Jahren zog es mich vom Münsterland nach Bayern, und hier fand ich meine Liebe. Zu allen Jahreszeiten und an jedem freien Wochenende durchwanderten wir mit schweren Rucksäcken beladen das ganze Gebiet von Hütte zu Hütte. Nicht selten waren wir an einem Tag 16 Stunden zu Fuß unterwegs. Zu den besonderen Erlebnissen dieser Jahre gehört für mich ein Flug mit dem genialen Hubschrauberpiloten Walter Entham-

mer. Mit ihm durfte ich für einen Auftrag von National Geographic im tiefsten Winter bei arktisch klarem Wetter stundenlang über »meinem« Alpenpark kreisen. Auf diesem Flug wurde mir zum ersten Mal die unvergleichliche Erhabenheit des Watzmannmassivs bewusst, dessen legendäre Ostwand ich von oben fotografieren konnte. Nur wenige Minuten später flogen wir über die Teufelshörner, die wie Zinnen des Himalajas in den Himmel ragten. Im Sommer braucht man für diese Tour zu Fuß zwei Tage. Tief verschneit und einsam lag das Kärlingerhaus im Schatten der Berge, weit unten erschien das dunkle Blau des Obersees. Ein Traum.

EINE BAYERISCHE ERFOLGSGESCHICHTE

In Kürze feiert der deutsche Naturschutz ein wichtiges Jubiläum: Im Jahr 2020 wird der Nationalpark Bayerischer Wald 50 Jahre jung. Was für eine Erfolgsgeschichte! Inzwischen gibt es in Deutschland 16 Nationalparks. Seit einem halben Jahrhundert lautet die Devise im Bayerischen Wald »Natur Natur sein lassen« – und diesen Anspruch hat man trotz aller Widerstände erfüllt. Als Orkan »Kyrill« im Januar 2007 über Deutschland hinwegfegte, richtete er auch in den Wäldern des Nationalparks erheblichen Schaden an. Mit gewaltiger Kraft knickte er zu Tausenden Bäume um, die schon vom Borkenkäfer geschädigt waren. Ein Aufschrei ging durch das Land. Aber die Bäume blieben liegen! Heute kann man in dem Gebiet zwischen Lusen und Rachel, den beiden Hauptbergen des Bayerischen Waldes, fasziniert Zeuge werden, wie sich der Wald, ungestört von den Eingriffen des Menschen, selbst erneuert. Überall sprießen junge Buchen und Fichten, die toten Bäume werden von Farnen, Flechten, Pilzen und Moosen überwuchert. Neue Biotope entstehen, und mit ihnen eine natürliche, unübersehbare Lebensgemeinschaft, deren Spektrum von Kleinstlebewesen bis zu Großsäugern reicht. Wildkatze und Luchs sind wieder in den Wäldern heimisch geworden, Rotwild sowieso. Auf zahlreichen Lehrveranstaltungen erklären die Ranger interessierten Besuchern – und vor allem Kindern und Jugendlichen – anschaulich die Prozesse der Natur, schaffen Verständnis und wecken Begeisterung. Es ist das Verdienst des Nationalparks und seiner engagierten Mitarbeiter, dass heute das Prinzip, die Natur einfach »in Ruhe zu lassen« bei den Menschen angekommen ist.

Fleißig beschäftigt: Ein in Deutschland selten gewordener Mittelspecht hämmert an einer Fichte (oben).

Ein Tag wie ein Gedicht! Im Bayerischen Wald ergrünen die Buchen und die Schösslinge am Boden schießen zu Tausenden dem Licht entgegen. Waldverjüngung par excellence (links).

Wo noch vor wenigen Jahren Windwurf und Borkenkäfer ein Chaos hinterließen, wächst allerorten neues Leben, wie diese Sumpfdotterblumen an einer Waldvernässung.

Wildkatzen kommen wieder in vielen Wäldern Deutschlands vor. In freier Wildbahn habe ich diese äußerst heimlichen Jäger noch nie zu Gesicht bekommen. Dieses Bild fotografierte ich in der Gehegezone des Bayerischen Waldes.

Im Durchbruchstal der Weltenburger Enge fließt die Donau durch ein 110 Meter schmales Bett, das 80 Meter hohe Felswände säumen (links).

Dreispitz und Mantel sind mit ein wenig Fantasie zu erkennen: der Napoleonfelsen im Donaudurchbruch bei Weltenburg. Der hier dominierende Kalkstein aus dem Oberjura ist besonders fossilreich.

An diesem windstillen Frühlingstag liegt ein malerisches Licht auf den Felswänden des Donaudurchbruchs bei Weltenburg. Das Wasser ist spiegelglatt. ▽

Die Baumwurzel wurde schon vor langer Zeit bei einem Hochwasser der Friedberger Ach angeschwemmt (oben).

Von Bibern gefällte und vom Sturm geknickte Bäume liegen in einem Altwasserarm des Lechs, der nur wenige Kilometer entfernt in die Donau mündet. Ein kleines Stück Wildnis (rechts)!

Zarte Christrosen blühen an der Kneifelspitz in den Berchtesgadener Alpen.

Der Schrainbachfall rauscht 80 Meter hinab in den Königssee – bei Hochwasser wie an diesem Tag ist der Anblick besonders beeindruckend (links).

Nach tagelangen heftigen Regenfällen fühlte ich mich auf dem Weg zur Wimbachgrieshütte in der Wimbachklamm wie in einem kleinen, feuchten Paradies. Unzählige Wasserfälle waren in der nur 200 Meter langen Klamm bei Ramsau im Berchtesgadener Land entstanden. Es war so laut, das ich kaum mein eigenes Wort verstand. ▽

Frühlingsgrüne Buchen an der Würm bei Starnberg. Wenige Kilometer lang ist der Fluss noch naturbelassen Er wird aber immer stärker den menschlichen Sicherheitsbedürfnissen angepasst.

Eine Wildwiese mit Orchideen am Wimbach bei Ramsau; Wechselblättriges Milzkraut; Disteln und Storchenschnabel auf einer Almwiese nahe der Wimbach (rechts von oben nach unten)

Das Wimbachtal im Nationalpark Berchtesgaden nimmt sich gegenüber der bekannten schroffen, steilen Wimbachklamm geradezu lieblich aus.

Frühlingsenziane, auch Schusternagerl genannt, blühen im Frühsommer in großer Zahl auf der Reiteralpe nahe der Neuen Traunsteiner Hütte. Ein Eldorado für Blumenliebhaber, die aber nur schauen und nicht pflücken dürfen, denn der Enzian steht unter Naturschutz (oben).

Blick vom Feuerpalfen nahe der Gotzenalm auf den Königssee, St. Bartholomä und die Watzmann-Ostwand – das klassische Bild des alpinen Nationalparks Berchtesgaden (rechts).

Nach Starkregen sind die Wasserfälle in der engen, wilden Höllentalklamm bei Garmisch-Partenkirchen gut gefüllt. Überall tropft das Wasser von den Steilwänden, die Luftfeuchtigkeit liegt bei 100 Prozent (links).

Die Breitach schlängelt sich weit unten in der Tiefe durch die Breitachklamm. Diese tiefste Felsenschlucht Mitteleuropas wurde erst 1904 von dem Pfarrer Johannes Schiebel erschlossen. Seitdem zieht sie alljährlich hunderttausende Besucher an (oben).

Ein Unwetter zieht auf über den Bergen des Königssees. Beim Blick von der Gotzenalm Richtung Westen sieht man eine dramatische Wolkenstimmung. ▽

Langsam wird er golden: ein alter Bergahorn bei Hintersteinbach im Allgäu.

Im Herbst erstrahlen die Bergwälder in atemberaubender Farbenpracht (rechts).

Blick vom Hubschrauber aus über den Schneiber, das Funtenseegebiet, den Hochkönig, die Teufelshörner und das Hagengebirge im Berchtesgadener Land. Ein Traum von einer Landschaft! ▽

Jahrhundertealte Hutebäume wie Ahorne, Buchen oder Fichten, stehen auf den Schachten, wie hoch gelegene Waldweiden im Bayerischen Wald genannt werden. Dort gibt es rund ein Dutzend Schachten von unterschiedlicher Größe.

Nicht weit vom Kohlschachten mit dem einsamen Latschensee entfernt liegen abflusslose Hochmoore. Im Herbst ergießt sich auf diesen sogenannten Filzen die Farbenpracht der Beerenblätter. ▽

Nationalpark Bayerischer Wald

GREGOR WOLF

Unberührte Waldwildnis und eine Artenvielfalt, die ihresgleichen sucht. Spannende Naturerlebnisse für jedermann. All dies und noch einiges mehr finden Wanderer im Nationalpark Bayerischer Wald. Gemeinsam mit dem direkt angrenzenden Nationalpark Šumava in Tschechien bildet die Region das größte zusammenhängende Waldschutzgebiet Mitteleuropas. Nirgendwo sonst in Mitteleuropa kann sich Waldnatur auf so großer Fläche nach ihren ureigenen Gesetzen entwickeln. »Natur Natur sein lassen« lautet hier seit knapp 50 Jahren das Credo.

Der Nationalpark erstreckt sich auf 24 250 Hektar im Bayerischen Wald, rund 98 Prozent dieser Fläche besteht aus Wäldern, die von Bergbächen durchzogen sind. Durchwandert man das Mittelgebirge von den Niederungen auf etwa 600 Metern über dem Meeresspiegel bis hinauf zum höchsten Gipfel, dem 1453 Meter aufragenden Großen Rachel, erlebt man drei teils völlig verschiedene Wald-Lebensräume. Ganz unten, in den moorigen Talmulden, in denen sich nachts kalte Luft staut, hat der Aufichtenwald die Oberhand gewonnen. Entlang der sonnigen Hänge der mittleren Lagen setzt sich der Bergmischwald durch. Vielerorts dominiert dann neben Tanne, Fichte oder Ahorn die Buche. In den steinigen, besonders rauen Gipfelregionen ab etwa 1200 Höhenmetern versprüht der Bergfichtenwald einen Hauch von Taiga. Aufgrund des rauen Klimas gibt es dort natürliche Fichtenwälder.

Überall darf der ursprüngliche Kreislauf des Werdens und Vergehens ungestört ablaufen. Bäume werden uralt, aber auch von Borkenkäfern oder Stürmen zu Fall gebracht. Totholz wird so zu einem der prägenden Landschaftselemente – und ganz nebenbei zum Lebensraum und zur Nahrungsgrundlage für viele seltene Insekten, Pilze und Vögel, die in herkömmlichen Wirtschaftswäldern fehlen. Besonders bei den kleinsten, oft unscheinbaren Lebewesen ist die Artenvielfalt im Bayerischen Wald sehr hoch. So sind mittlerweile allein 15 Käferarten nachgewiesen worden, die als Urwaldrelikte gelten. Sie alle kommen nur in sehr naturnahen Wäldern vor. Bemerkenswert ist auch der schier unglaubliche Reichtum an Pilzen, der auch zahlreiche Raritäten umfasst. So ist beispielsweise die Zitronengelbe Tramete, einer der seltensten Pilze weltweit, nirgends sonst in Europa so häufig zu finden wie im Nationalpark Bayerischer Wald. Dazu gesellen sich die häufiger im Fokus stehenden, lange Zeit vom Aussterben bedrohten Säugetierarten und Vögel, wie Luchs, Auerhuhn, Fischotter oder Habichtskauz – und seit Kurzem sogar wieder der Wolf.

> 1970 wurde der Nationalpark als Erster Deutschlands gegründet – und ist damit Vorreiter für die ganze Republik.

Landschaftliche Vielfalt bringen zudem die offenen Hochmoore und Schachten, ehemals bewirtschaftete Weideflächen, in den Nationalpark. Sie nehmen knapp zwei Prozent seiner Fläche ein. Hier finden Spezialisten wie die als Heilpflanze bekannte Arnika oder der Fliegen fressende Sonnentau geeigneten Lebensraum – umgeben von einer buchstäblich grenzenlosen Waldwildnis. ■

Die Formation Drei Brüder steht im Felsenlabyrinth des Fichtelgebirges. Hier schlängelt sich ein anspruchsvoller, sehr lohnender Weg zwischen den haushohen Felsen hindurch.

Die wollsackverwitterten Felsen auf dem Gipfel des Rudolfsteins im Fichtelgebirge gehören zu den großartigen Naturdenkmälern direkt vor unserer Haustür (rechts).

Raureif überzog an diesem kalten Februarmorgen die Amperauen bei Fürstenfeldbruck in Oberbayern.

Raureif verzaubert auch die Landschaft am nördlichen Ammersee bei Inning.

Der Geroldsee bei Mittenwald. Hauchdünn zog der Morgennebel über die glatte Wasseroberfläche, auf der sich das Karwendelgebirge spiegelte. ▽

Rund 200 Steinböcke leben derzeit im Nationalpark Berchtesgaden – hier ein Prachtexemplar im Landtal (oben).

Rothirsche an der Fütterung bei der Kapelle von St. Bartholomä am Königssee (rechts oben)

Eine alte Lärche nahe der Gotzenalm wurde über Nacht mit leichtem Schnee überzuckert. Im Laufe des Tages begann der Schnee zu schmelzen und drückte die Zweige nach unten (rechts unten).

Das Gipfelkreuz der Zugspitze an einem kalten, klaren Winterabend. Durchschnittlich eine halbe Million Besucher kommen jährlich auf den mit 2962 Metern höchsten Gipfel Deutschlands. Die Erstbesteigung fand erst 1820 statt. ▽

Die schneereichen, kalten Winter im Berchtesgadener Land sind auch für die Tiere dort hart. Doch selbst dann bleiben die Steinböcke jenseits der Baumgrenze.

Das tief eingeschneite Kärlingerhaus am Funtensee, überschattet vom Schottmallhorn, liegt am Rand des Steinerenen Meers, einer Karsthochfläche im deutsch-österreichischen Grenzgebiet.

Ein Unwetter zieht auf über den Bergen des Königssees. Beim Blick von der Gotzenalm Richtung Westen sieht man eine dramatische Wolkenstimmung. ▽

Nationalpark Berchtesgaden

CAROLIN SCHEITER

Königssee, Hagengebirge, Hochkalter und das Steinerne Meer – es ist eine geheimnisvolle Szenerie, das Gebiet zu Füßen des sagenumwobenen Watzmanns. Das 2713 Meter hohe Massiv aus Ramsau-Dolomit und Dachsteinkalk ist das Wahrzeichen des 210 Quadratkilometer großen Nationalparks Berchtesgaden. Unter seinem Schutz bietet die eindrucksvolle Landschaft 55 Säugetierarten einen sicheren Lebensraum, darunter so außergewöhnlichen Vertretern wie Steinbock, Murmeltier und Gämse. Sogar der Steinadler – der »König der Lüfte« – ist hier als eine von insgesamt 100 Brutvogelarten mit fünf Brutpaaren vertreten. Ein Steinadlerpaar zieht seine steten Kreise über dem Klausbachtal, in dem sich botanische Raritäten verstecken. Hier steht unter anderem der älteste Baum des Nationalparks: eine von Wind und Wetter gezeichnete Zirbe. Sie ist nur rund 13 Meter hoch, aber über 800 Jahre alt.

Heute vereinen sich im Nationalpark Berchtesgaden zwei auf dem ersten Blick völlig gegensätzliche Philosophien: Wildnis trifft auf Tradition. Und es funktioniert, wenn auch nicht immer auf den ersten Blick.

Chaos und Verwahrlosung – dieser Eindruck mag bei dem einen oder anderen Besucher entstehen, der auf seinem Weg von Herrenroint über Kühroint zur Archenkanzel die Blicke in den Bergwald schweifen lässt.

Tote Fichten ragen wie silbrig glänzende Mahnmale kahl in die Luft, darunter erstreckt sich ein schier undurchdringliches Durcheinander aus umgestürzten Bäumen, üppigem Grün und moosbewachsenen Felsen. Junge Tannen, Buchen, Vogelbeeren und Bergahorne strecken sich langsam, aber beständig und in großer Zahl am Totholz vorbei Richtung Sonne.

Mit rund 15 600 Hektar nimmt die Kernzone 75 Prozent der Gesamtfläche des Nationalparks ein. In diesem Gebiet ist die Natur sich selbst überlassen, dürfen Wälder wachsen, zusammenbrechen und sich wieder verjüngen. Es gibt keine Wildbestandsregulierung, keine Borkenkäferbekämpfung, keinen Waldumbau, keine Almwirtschaft. Nur Natur – und eben Wildnis.

Ein gänzlich anderes Bild zeigt sich auf der Gotzenalm. Die Almflächen hoch über dem Königssee zählen zu den ältesten im Alpenraum. Bereits 700 n. Chr. wurde die »Alpis Gauzo« erstmals urkundlich erwähnt. In der Pflegezone des Nationalparks werden heute noch 33 Almen traditionell bewirtschaftet, vorrangig mit Pinzgauer Rindern, Fleckvieh, Kälbern, Schafen und Lämmern. Die Bergidylle bedeutet für die Sennleute auf der Alm harte Arbeit, bei jedem Wetter und an sieben Tagen in der Woche. Dennoch bleibt genügend Zeit, hungrigen Wanderern eine zünftige Brotzeit mit selbst gebackenem Brot, Käse und Speck herzurichten. Einkehren ist hier nämlich ebenso erwünscht wie im Nationalparkzentrum »Haus der Berge« in Berchtesgaden mit seiner eigenwilligen Architektur und der preisgekrönten Ausstellung »Vertikale Wildnis«. ■

> Ingegriff ursprünglicher Alpenlandschaft: schroffe Berggipfel, grüne Almen und klare Gebirgsbäche – und über allem kreist der Steinadler

Nationalpark Schleswig-Holsteinisches Wattenmeer
UNESCO-Biosphärenreservat Schleswig-Holsteinisches Wattenmeer und Halligen
DÄNEMAR
NORDSEE
Schleswig-
Schlei
Kieler Bucht
Hüttener Berge
KIEL
Eider
Westensee
Nord-Ostsee-Kanal
Gr. Plöner See
Nationalpark Schleswig-Holsteinisches Wattenmeer
Deutsche Bucht
Aukrug
Nationalpark Hamburgisches Wattenmeer
Nationalpark Niedersächsisches Wattenmeer
Nationalpark Niedersächsisches Wattenmeer
Elbe
Holstein
UNESCO-Biosphärenreservat Hamburgisches Wattenmeer
UNESCO-Biosphärenreservat Niedersächsisches Wattenmeer
Ems-Jade-Kanal
HAMBURG
BREMERHAVEN
Oste
Weser
GRONINGEN
Bremen
OLDENBURG
Lüneburger Heide
BREMEN
Ems
NIEDER-LANDE
Wildeshauser Geest
Aller
Niedersachsen
Südheide
Weser
Leine
Bourtanger Moor-Bargerveen
Dortmund-Ems-Kanal
Dümmer
TERRA.vita
Dümmer
Steinhuder Meer
Steinhuder Meer
Mittellandkanal
Nördlicher
HANNOVER
OSNABRÜCK
TERRA.vita
BRAUNSCH
APELDOORN
ENSCHEDE
Teutoburger Wald-Wiehengebirge
Weser-
HILDESHEIM
bergland
SALZGITTE
ARNHEM
BIELEFELD
Teutoburger Wald/Eggegebirge
Weser
Leine
MÜNSTER
NIJMEGEN
Hohe Mark – Westmünsterland
Nordrhein-
Ems
Rhein
Lippe
PADERBORN
Solling-Vogler
HAMM
Lippe
Teutoburger Wald/Eggegebirge
Maas
GELSEN-KIRCHEN
DORTMUND
GÖTTINGEN
EINDHOVEN
ESSEN
Möhnetalsperre
Münden
Arnsberger Wald
DUISBURG
KASSEL
Westfalen
Maas-Schwalm-Nette
Diemelsee
Habichtswald
Eichsfeld-
DÜSSELDORF
Ruhr
Meißner-Kaufunger Wald
Hainich-

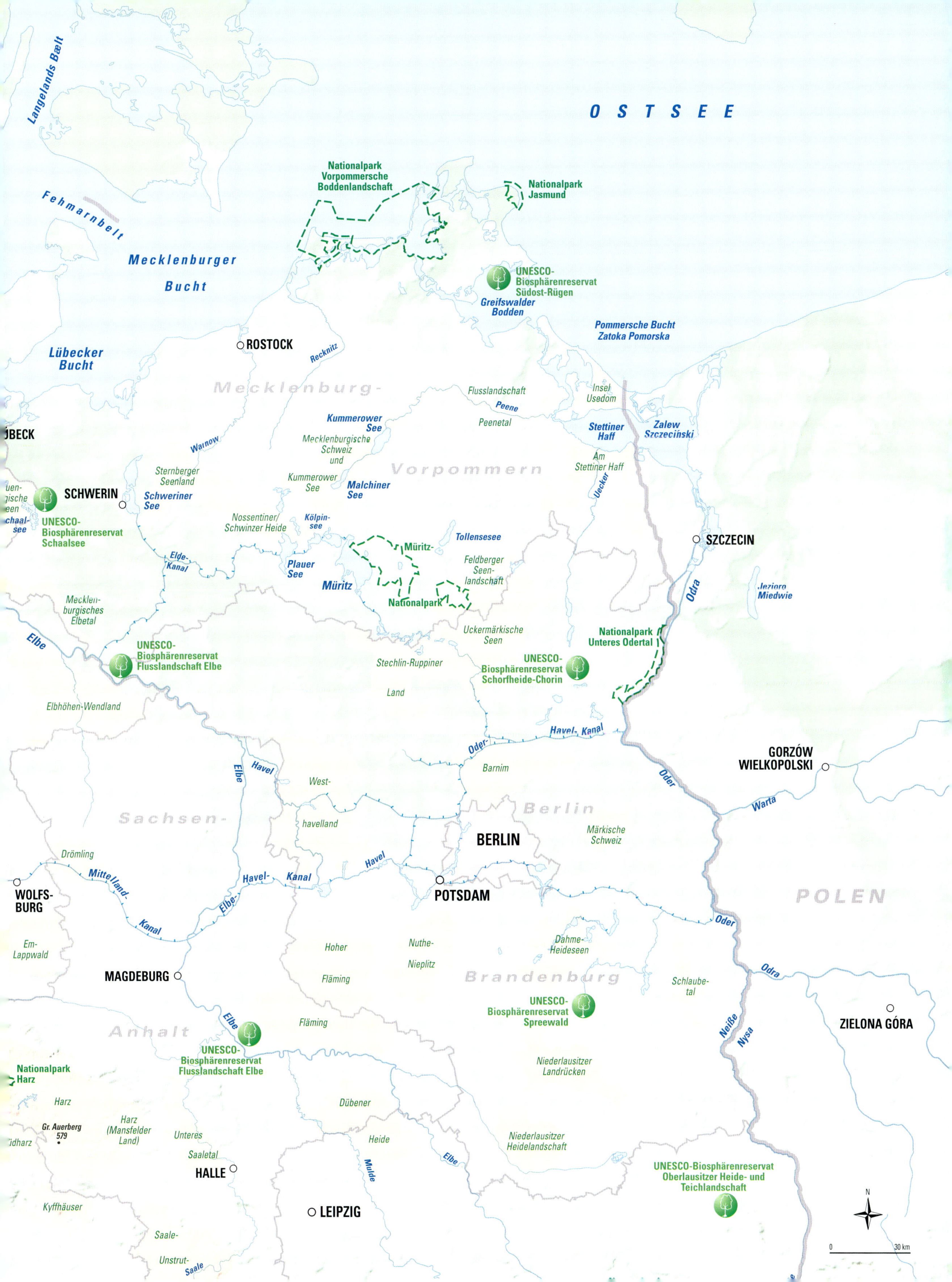

OSTSEE
Langelands Bælt
Fehmarnbelt
Mecklenburger Bucht
Lübecker Bucht
Nationalpark Vorpommersche Boddenlandschaft
Nationalpark Jasmund
UNESCO-Biosphärenreservat Südost-Rügen
Greifswalder Bodden
Pommersche Bucht Zatoka Pomorska
ROSTOCK
Recknitz
Mecklenburg-Vorpommern
Flusslandschaft Peene
Peenetal
Insel Usedom
Stettiner Haff
Zalew Szczeciński
Am Stettiner Haff
Kummerower See
Mecklenburgische Schweiz und Kummerower See
Malchiner See
Warnow
Sternberger Seenland
SCHWERIN
Schweriner See
UNESCO-Biosphärenreservat Schaalsee
Nossentiner/Schwinzer Heide
Kölpinsee
Plauer See
Müritz
Müritz-Nationalpark
Tollensesee
Feldberger Seenlandschaft
Uecker
SZCZECIN
Odra
Jezioro Miedwie
Elde-Kanal
Mecklenburgisches Elbetal
Elbe
UNESCO-Biosphärenreservat Flusslandschaft Elbe
Uckermärkische Seen
Nationalpark Unteres Odertal
Stechlin-Ruppiner Land
UNESCO-Biosphärenreservat Schorfheide-Chorin
Elbhöhen-Wendland
Oder-Havel-Kanal
Barnim
GORZÓW WIELKOPOLSKI
Oder
Warta
Havel
West-havelland
Sachsen-Anhalt
Berlin
BERLIN
Märkische Schweiz
Drömling
Mittelland-Kanal
WOLFSBURG
Elbe-Havel-Kanal
POTSDAM
POLEN
Em-Lappwald
Hoher Fläming
Nuthe-Nieplitz
Dahme-Heideseen
MAGDEBURG
Brandenburg
Schlaubetal
Odra
UNESCO-Biosphärenreservat Spreewald
ZIELONA GÓRA
Neiße
Nysa
Fläming
UNESCO-Biosphärenreservat Flusslandschaft Elbe
Nationalpark Harz
Niederlausitzer Landrücken
Harz
Dübener Heide
Gr. Auerberg 579
Harz (Mansfelder Land)
Unteres Saaletal
Niederlausitzer Heidelandschaft
HALLE
Mulde
UNESCO-Biosphärenreservat Oberlausitzer Heide- und Teichlandschaft
LEIPZIG
Kyffhäuser
N
Saale-Unstrut-Saale
0
30 km

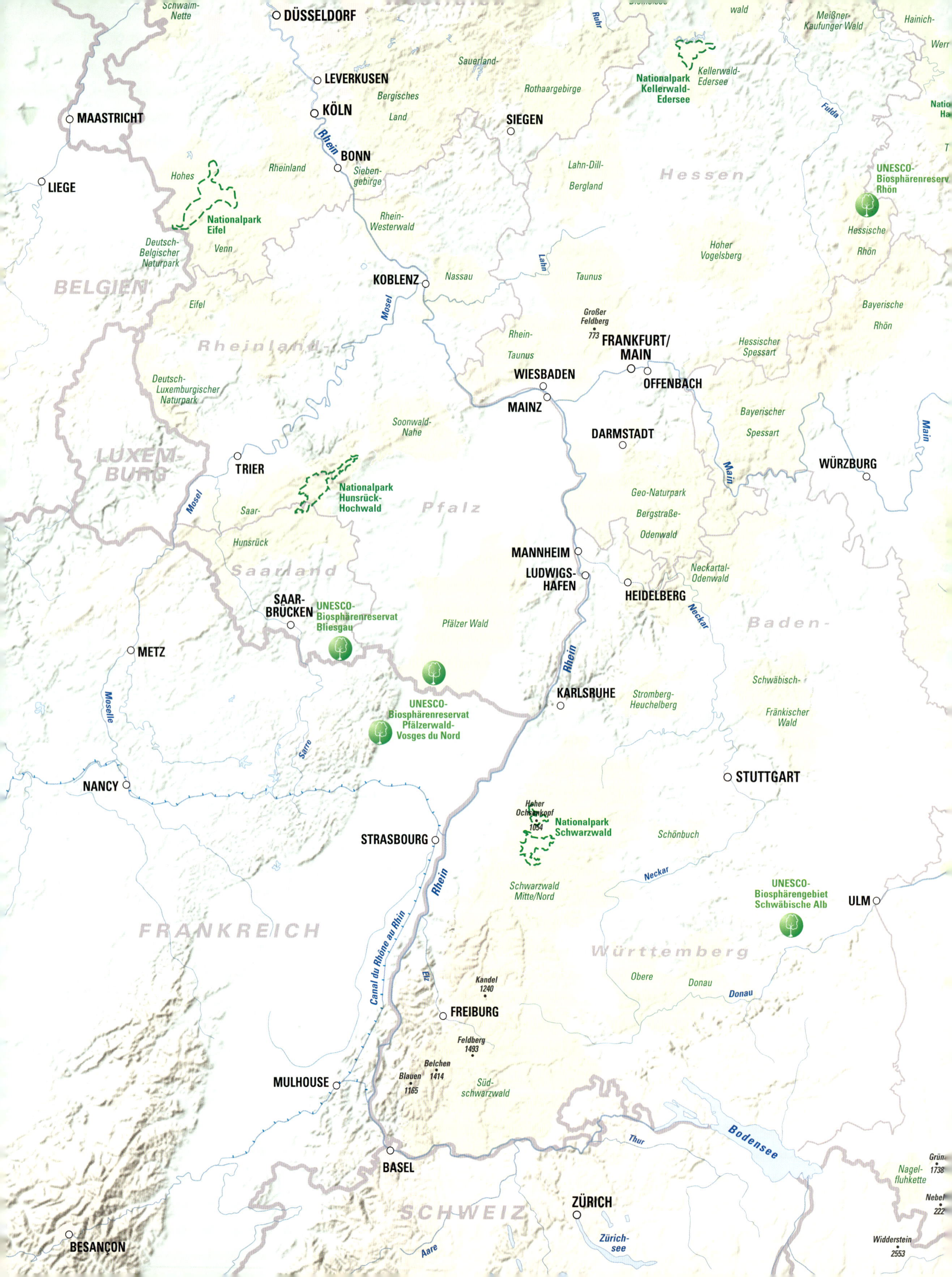

DÜSSELDORF
Schwalm-Nette
Ruhr
wald
Meißner-Kaufunger Wald
Hainich-
Werra
LEVERKUSEN
Sauerland-
Rothaargebirge
Nationalpark Kellerwald-Edersee
Kellerwald-Edersee
Bergisches Land
KÖLN
MAASTRICHT
Fulda
SIEGEN
Rhein
BONN
Rheinland
Siebengebirge
Hohes
LIEGE
Lahn-Dill-Bergland
Hessen
UNESCO-Biosphärenreservat Rhön
Nationalpark Eifel
Rhein-Westerwald
Deutsch-Belgischer Naturpark
Venn
Hessische Rhön
Hoher Vogelsberg
Lahn
BELGIEN
KOBLENZ
Nassau
Taunus
Eifel
Mosel
Großer Feldberg 773
Bayerische Rhön
Rhein-Taunus
FRANKFURT/MAIN
Hessischer Spessart
Rheinland-
WIESBADEN
OFFENBACH
Deutsch-Luxemburgischer Naturpark
MAINZ
Bayerischer Spessart
Soonwald-Nahe
DARMSTADT
Main
LUXEMBURG
TRIER
WÜRZBURG
Nationalpark Hunsrück-Hochwald
Pfalz
Geo-Naturpark Bergstraße-Odenwald
Saar-Hunsrück
Saarland
MANNHEIM
LUDWIGSHAFEN
Neckartal-Odenwald
HEIDELBERG
SAARBRÜCKEN
UNESCO-Biosphärenreservat Bliesgau
Pfälzer Wald
Neckar
Baden-
METZ
Moselle
Schwäbisch-Fränkischer Wald
KARLSRUHE
Stromberg-Heuchelberg
UNESCO-Biosphärenreservat Pfälzerwald-Vosges du Nord
Sarre
NANCY
STUTTGART
Hoher Ochsenkopf 1054
Nationalpark Schwarzwald
STRASBOURG
Schönbuch
Rhein
Neckar
Schwarzwald Mitte/Nord
UNESCO-Biosphärengebiet Schwäbische Alb
ULM
FRANKREICH
Canal du Rhône au Rhin
Württemberg
Elz
Kandel 1240
Obere Donau
Donau
FREIBURG
Feldberg 1493
Belchen 1414
Blauen 1165
Süd-schwarzwald
MULHOUSE
Thur
Bodensee
BASEL
Nagelfluhkette
ZÜRICH
SCHWEIZ
Zürich-see
Aare
BESANÇON
Widderstein 2553

ERFURT
JENA
GERA
Thüringen
Saale-
Unstrut-
Saale
Triasland
Saale
Thüringer
Wald
Thüringer
Schiefer-
gebirge/
Obere
Saale
Bleiloch-
talsperre
Frankenwald
DRESDEN
Elbe
Nationalpark
Sächsische
Schweiz
Sachsen
CHEMNITZ
ZWICKAU
Zittauer
Gebirge
Lausitzer Neiße
LIBEREC
Labe
Labe
Erzgebirge/
Vogtland
Schneeberg
1051
Fichtelgebirge
Main
Steinwald
PRAG
Labe
Main-Donau-Kanal
Fränkische Schweiz-
Veldensteiner Forst
PLZEŇ
TSCHECHISCHE
REPUBLIK
Nördlicher
Oberpfälzer Wald
NÜRNBERG
Oberpfälzer
Wald
Hirsch-
wald
Oberer
Bayerischer Wald
Main-
Donau-
Kanal
Brombach-
see
Großer
Arber
1456
Naab
REGENSBURG
Bayerischer Wald
Lusen
1370
Nationalpark
Bayerischer Wald
Altmühltal
Altmühl
Donau
INGOLSTADT
Isar
Bayern
Vils
LINZ
AUGSBURG
Donau
Inn
Lech
MÜNCHEN
Ammer-
see
Isar
Waller-
see
Chiemsee
SALZBURG
Starn-
berger
See
ÖSTERREICH
Inn
Staffel-
see
Tegern-
see
Walchen-
see
UNESCO-
Biosphärenregion
Berchtesgadener
Land
Watzmann
2713
Nationalpark
Berchtesgaden
Königs-
see
Enns
Isar
Achen-
see
Mur
Zugspitze
2962
Isar
INNSBRUCK
Inn
Ziller
Salzach
N
0
30 km

Übersicht der deutschen Nationalparks

Nationalpark Bayerischer Wald (gegr. 1970)
Nationalparkverwaltung
Freyunger Straße 2
94481 Grafenau
www.nationalpark-bayerischer-wald.de

Nationalpark Berchtesgaden (gegr. 1978)
Nationalparkverwaltung
Doktorberg 6
83471 Berchtesgaden
www.nationalpark-berchtesgaden.de

Nationalpark Schleswig-Holsteinisches Wattenmeer (gegr. 1985)
Nationalparkverwaltung
Schlossgarten 1
D-25832 Tönning
www.nationalpark-wattenmeer.de/sh

Nationalpark Niedersächsisches Wattenmeer (gegr. 1986)
Nationalparkverwaltung
Virchowstraße 1
26382 Wilhelmshaven
www.nationalpark-wattenmeer.de/nds

Nationalpark Hamburgisches Wattenmeer (gegr. 1990)
Nationalparkverwaltung
Insel Neuwerk
27499 Hamburg
www.nationalpark-wattenmeer.de/hh

Nationalpark Jasmund (gegr. 1990)
Nationalparkamt
Im Forst 5
18275 Born (Darß)
www.nationalpark-jasmund.de

Müritz-Nationalpark (gegr. 1990)
Nationalparkamt
Schlossplatz 3
17237 Hohenzieritz
www.mueritz-nationalpark.de

Nationalpark Sächsische Schweiz (gegr. 1990)
Nationalparkverwaltung
An der Elbe 4
01814 Bad Schandau
www.nationalpark-saechsische-schweiz.de

Nationalpark Unteres Odertal (gegr. 1995)
Nationalparkhaus
Am Speicher 3
16303 Schwedt/Oder OT Criewen
www.nationalpark-unteres-odertal.de

Nationalpark Vorpommersche Boddenlandschaft (gegr. 1990)
Nationalparkamt
Im Forst 5
18375 Born
www.nationalpark-vorpommersche-boddenlandschaft.de

Nationalpark Hainich (gegr. 1997)
Nationalparkverwaltung
Bei der Marktkirche 9
99947 Bad Langensalza
www.nationalpark-hainich.de

Nationalpark Eifel (gegr. 2004)
Landesbetrieb Wald und Holz NRW
Nationalparkforstamt
Urftseestraße 34
53937 Schleiden-Gemünd
www.nationalpark-eifel.de

Nationalpark Kellerwald-Edersee (gegr. 2004)
Landesbetrieb Wald und Holz NRW
Nationalparkamt
Laustraße 8
34537 Bad Wildungen
www.nationalpark-kellerwald-edersee.de

Nationalpark Harz (gegr. 2006)
Nationalparkverwaltung
Lindenallee 35
38855 Wernigerode
www.nationalpark-harz.de

Nationalpark Schwarzwald (gegr. 2014)
Nationalparkverwaltung
Schwarzwaldhochstraße 2
77889 Seebach
www.schwarzwald-nationalpark.de

Nationalpark Hunsrück-Hochwald (gegr. 2015)
Nationalparkamt
Brückener Straße 24
55765 Birkenfeld
www.nationalpark-hunsrueck-hochwald.de

Danksagung

Ohne die Mithilfe vieler Freunde, Kollegen, Mitarbeitern von Naturschutzbehörden, Nationalparkverwaltungen, Parkplatzwächtern, Hüttenwirten, Piloten, Kapitänen und Firmen wäre dieses Buch nicht möglich gewesen. Bei einigen Personen möchte ich mich namentlich bedanken:

Besonderer Dank für ihre Unterstützung geht an Manfred Großmann vom NP Hainich, Andreas Stern in der Pfalz, Gernot Hafner vom NP Vorpommersche Boddenlandschaft, an die Mitarbeitern der Deutschen Bundesstiftung Umwelt (DBU), LEAG (Lausitz Energie Bergbau AG), Uwe Wobser in Peenemünde, die Mitarbeiter vom Bastei Hotel in der Sächsischen Schweiz, die Mitarbeiter des Nationalparks Unteres Odertal, die Mitarbeiter vom Brocken Hotel, insbesondere Astrid Waldyra und Karin Kippstein, Claus Schenk von den Schwarzen Bergen in der Rhön, Sven-Eric Arndt, Franz Eder und die Mitarbeiter vom NP Berchtesgaden, die Mitarbeiter der Gotzenalm und der Neuen Traunsteiner Hütte auf der Reiteralpe, die Zugspitzbahnen, Uli und Gudrun Heinemann aus der Lausitz, Peter Krüger und die Mitarbeiter der Kur- und Tourismus GmbH Zingst, Hans-Martin Braun, Hans und Sven Nieder aus Daun, Klaus Liedke, Dr. Martin Bethke und Kathrin Müller von National Geographic, Ulrike Sutter, Schutzstation Wattenmeer auf Hallig Hooge, Wilfried Dunckel.

Folgenden Firmen danke ich für ihre Unterstützung: Leica Camera AG, CEWE, AC Foto, Olympus Deutschland, Novoflex, meinem Diafilmentwicklungslabor in München: ESF Fine Art Fotomanufaktur München in der Schleißheimerstraße.

Nicht zuletzt gilt mein Dank den Mitarbeitern des NG Buchverlags in München: Stefanie Penck, Joachim Hellmuth, Dr. Birgit Kneip, Gaby Herbrecht und Bettina Schippel.

Für Fotointeressierte:

Ein Großteil der Bilder wurde nach wie vor auf Film fotografiert: Fujichrome Velvia 50 mit meiner Leica R Ausrüstung. Ich fotografiere noch immer, neben digital, auch analog. Ein weiterer Teil wurde mit dem Leica S und dem Leica M System aufgenommen. Die digitalen Bilder sind nur minimal im Lightroom als RAW Bilder bearbeitet, aber so natürlich wie eben möglich belassen.

Ich verwende Gitzo und Berlebach Stative sowie Novoflex und Linhof Befestigungssysteme.

Textnachweis

Wir danken den Autoren der folgenden Beiträge:

S. 20, Ein Anwalt für »werdende Wildnis«, Prof. em. Dr. Michael Succow, Vorsitzender der Michael Succow Stiftung zum Schutz der - Natur

S. 58, Nationalpark Wattenmeer und Nordsee, Dr. Martin Stock, Landesbetrieb für Küstenschutz, Nationalpark und Meeresschutz Schleswig-Holstein, Nationalparkverwaltung

S. 74, Nationalparks Vorpommersche Boddenlandschaft und Jasmund, Prof. Dr. Hans D. Knapp, Stellvertretender Vorsitzender der Michael Succow Stiftung

S. 102, Nationalpark Unteres Odertal, Dr. Michael Tautenhahn, Stellvertretender Nationalparkleiter, Gebietsentwicklung/Gewässer

S. 128, Nationalpark Sächsische Schweiz, Hanspeter Mayr, Leiter der Öffentlichkeitsarbeit und Umweltbildung

S. 146, Nationalpark Harz, Andreas Pusch, Nationalparkleiter

S. 158, Nationalpark Hainich, Manfred Großmann, Nationalparkleiter

S. 182, Biosphärenreservat Rhön, Claus Schenk, Fachbetreuer Umweltbildung, Naturpark & Biosphärenreservat Bayerische Rhön e.V.

S. 192, Nationalpark Eifel, Dr. Michael Röös, Leiter des Nationalforstamtes Eifel

S. 212, Nationalpark Schwarzwald, Dr. Wolfgang Schlund, Leiter der Nationalparkverwaltung

S. 260, Nationalpark Bayerischer Wald, Gregor Wolf, Medien- und Öffentlichkeitsarbeit

S. 274, Nationalpark Berchtesgaden, Carolin Scheiter, Leiterin der Stabsstelle Kommunikation

Register